GALERIE

DE SON ALTESSE ROYALE

MADAME, DUCHESSE DE BERRY.

TOME PREMIER.

GALERIE

DE SON ALTESSE ROYALE

MADAME LA DUCHESSE DE BERRY

ÉCOLE FRANÇAISE.

PEINTRES MODERNES.

OUVRAGE DÉDIÉ A SON ALTESSE ROYALE

ET LITHOGRAPHIÉ PAR D'HABILES ARTISTES

SOUS LA DIRECTION

DE M. LE CHEVALIER BONNEMAISON,

MEMBRE DE LA LÉGION D'HONNEUR,
DIRECTEUR DE LA RESTAURATION DES TABLEAUX DU MUSÉE ROYAL,
ET CONSERVATEUR DE LA GALERIE DE SON ALTESSE ROYALE.

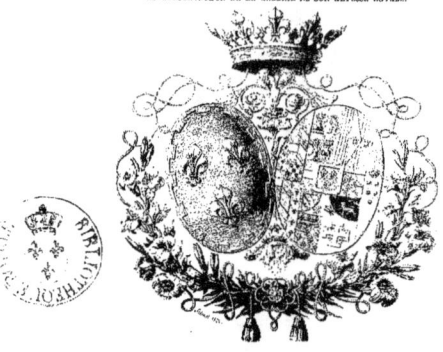

PARIS
IMPRIMERIE DE J. DIDOT, L'AINÉ,
IMPRIMEUR DU ROI.

M. DCCCXXII.

A

SON ALTESSE ROYALE

MADAME LA DUCHESSE DE BERRY.

Madame,

C'est à VOTRE ALTESSE ROYALE qu'est due l'heureuse pensée de multiplier et de faire connoître plus généralement par la lithographie les productions remarquables des peintres de genre de l'école actuelle.

Saisissant tout ce que cette intention a de noble et de bienveillant par son objet, et trouvant réunis, dans la riche galerie formée par vos soins et ceux d'un Prince qui fut le protecteur des artistes, comme il étoit l'ami des guerriers, les ouvrages les plus gracieux des peintres françois, je me suis empressé, MADAME, de faire dessiner sur la pierre, avec un soin scrupuleux, les tableaux dont le mérite a fixé votre choix éclairé par un goût pur et délicat.

Puissé-je n'être point resté au-dessous de mon entreprise, et puisse aussi mon travail mériter vos suffrages! que sur-tout il attire de nouveau les bienfaits de VOTRE ALTESSE ROYALE sur les artistes reconnoissants dont je ne suis aujourd'hui que l'interpréte fidéle! et j'aurai reçu la double récompense que j'ose ambitionner.

J'ai l'honneur d'être, avec le plus profond respect,

MADAME,

DE VOTRE ALTESSE ROYALE

Le très humble et très obéissant
serviteur,
Le Ch^{er} BONNEMAISON.

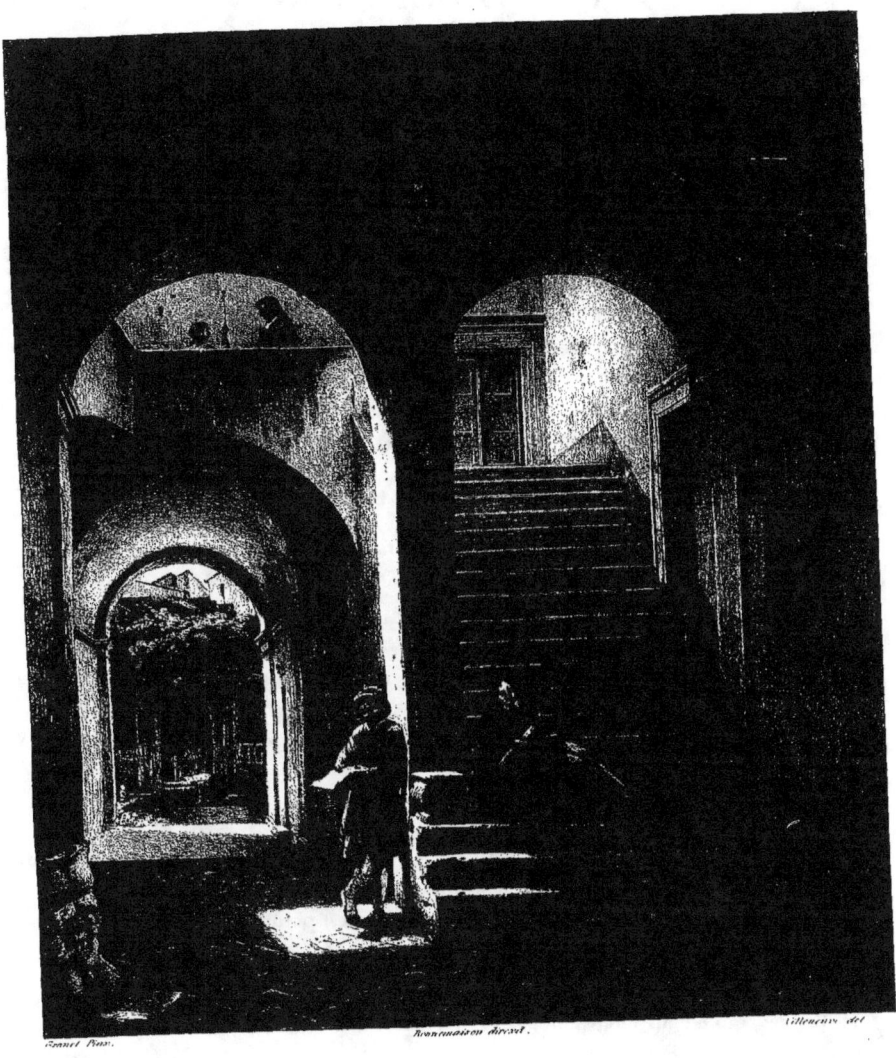

Vue de l'escalier de la Maison de Michel ange à Buonarotti

VUE DE L'ESCALIER

DE LA MAISON DE MICHEL-ANGE BUONAROTI[1].

PAR M. GRANET.

Étonnant dans ses tableaux, beau comme l'antique dans ses sculptures, noble et superbe dans son architecture, correct jusque dans ses écarts, sublime jusque dans ses bizarreries; tel fut Michel-Ange Buonaroti. La fougue de son génie ne reculoit point devant *l'impossible*. Dans son essor il embrassoit, il exécutoit tout avec une égale audace et presque toujours avec une égale supériorité: modèle inimitable, il a donné cependant des exemples qu'il seroit peut-être dangereux de suivre, car il n'a fallu rien moins que son talent extraordinaire pour faire excuser ses licences.

Rempli du goût des anciens, formé à leur école par l'étude constante de leurs chefs-d'œuvre, il laissa fréquemment, dans ses compositions les plus austères et les plus religieuses, des nudités qu'on auroit à peine tolérées dans les sujets les plus profanes. Souvent, et malgré la sainteté du lieu, on vit, de son ciseau hardi et de ses vigoureux pinceaux, sortir des dieux du paganisme où devoient être des saints du paradis.

Toutefois, ces inconvenances, ces taches, qui choquent moins qu'elles n'étonnent, n'ont pas empêché la postérité de placer Michel-Ange parmi les plus grands maîtres et les plus beaux génies. Objet de l'admiration universelle, il est devenu celui d'un culte particulier pour tous ceux qui suivent la triple carrière où il a été si loin. Parmi ces derniers, les peintres français de la nouvelle école ont montré un empressement, à nul autre égal, à lui rendre des hommages publics; il n'est point d'actions de sa vie, point de circonstances relatives à ses productions, qui ne soient devenues pour eux le motif d'un intéressant tableau.

M. Granet, qui depuis long-temps fait sa résidence à Rome, qui vit au milieu des

---

(1) Tableau peint sur toile; hauteur 2 pieds 3 pouces, largeur 1 pied 10 pouces.

ESCALIER DE LA MAISON DE MICHEL-ANGE BUONAROTI.

souvenirs de Michel-Ange et parmi ses chefs-d'œuvre, est venu à son tour payer son tribut au MAITRE. Plein de l'idée que les hommes supérieurs en quelque genre que ce soit laissent par-tout après eux des traces ineffaçables, qu'ils impriment en quelque sorte un sceau d'immortalité aux lieux qu'ils habitèrent, il s'est borné à représenter l'escalier de la maison de Buonaroti. Cet escalier conduisoit sans doute à l'atelier où fut conçu le plan de la coupe du dôme de Saint-Pierre, où fut dégrossi le bloc d'où sortit l'admirable groupe de la Notre-Dame de Pitié, où furent dessinées les esquisses du fameux tableau du Jugement dernier. Au bas de l'escalier on remarque Michel-Ange lui-même, méditant encore quelques unes de ses étonnantes productions. L'intérêt du sujet est élevé, il plaît à l'imagination, il satisfait la pensée.

Dans cet ouvrage, l'un des premiers qui ait révélé le talent original de M. Granet, s'annoncent déja les qualités qui depuis ont empreint un caractère particulier à ses autres productions[1]. Cet artiste semble, comme Rembrandt, ne vouloir tirer ses lumières que d'un point, et d'un point même très rétréci, afin d'en rendre l'effet et plus vif et plus piquant. Mais un tableau plus important[2] que celui dont nous offrons ici le dessin nous fournira plus tard l'occasion de rappeler avec quelle exactitude M. Granet observe les règles de la perspective et de l'optique, avec quelle profondeur il en ménage les ressources, avec quel art il en emploie les illusions.

(1) Parmi elles on doit citer la vue intérieure du *couvent de San-Benedetto**, près de Subbiaco, celle du chœur de *l'église des Capucins de la place Barberini*, à Rome, et celle enfin de *la basilique basse de Saint-François d'Assise*, à Assise, exposée au salon de cette année.
(2) L'église des Capucins.

* Le premier et le dernier de ces tableaux appartiennent à Sa Majesté.

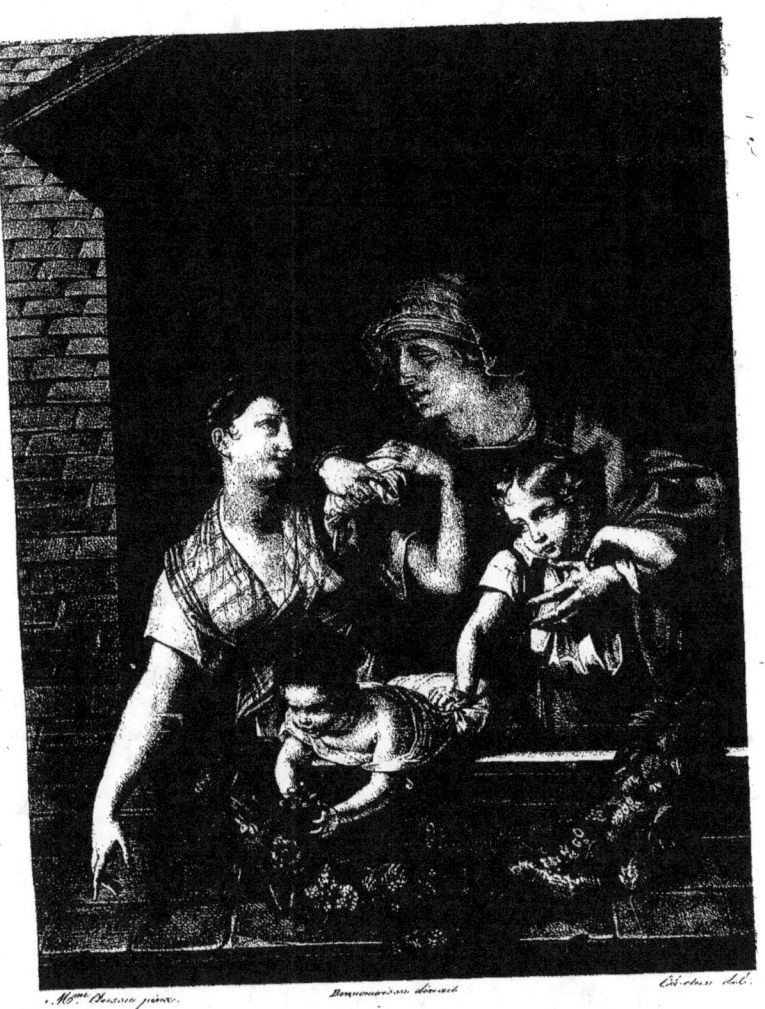

Mme Bussou pinx.   Bonnemaison direxit   Chasselat del.

Une des Croisées de Paris
1.er jour de l'entrée de S. M. Louis XVIII.

UNE DES CROISÉES DE PARIS

LE JOUR DE L'ARRIVÉE DE S. M. LOUIS XVIII [1],

PAR MADAME AUZOU.

Les Flamands et les Hollandois ont souvent peint des fenêtres où se déploie, dans les plus précieux détails, l'extrême richesse de leur brillante palette; mais les scènes qu'ils représentent ne sont jamais que d'un intérêt secondaire. Là, c'est une cuisinière qui suspend une volaille à un clou fixé dans le mur; ici, c'est un chasseur qui donne du cor; ailleurs, c'est un buveur qui respire l'air frais du matin, en remplissant son verre d'un vin pur et pourpré; plus loin, c'est un enfant qui forme des bulles de savon avec un chalumeau de paille. De tels sujets sont gracieux, sans doute; mais ils n'ont rien qui attache, rien qui touche vivement; et, sous ce rapport, les ouvrages des Metzu, des Miéris, des Gérard Dow, ne sauroient être considérés que comme des tableaux de genre et même d'un genre commun. Il appartenoit à un peintre de notre école moderne, à une femme, d'ennoblir cette espèce de composition, et de lui donner en quelque sorte un caractère historique, en la consacrant à rappeler de grands souvenirs.

Une mère, jeune et belle encore, mais épuisée par une maladie longue et douloureuse, à la voix de sa fille aînée, qui lui présente son bras pour appui, se hâte d'approcher de la croisée décorée de festons de fleurs, d'où ses regards pourront découvrir le monarque auguste qui, avant d'entrer dans la ville de ses pères, a donné la charte à ses peuples, et commandé l'oubli des outrages et des haines. Elle semble avoir retrouvé des forces nouvelles, le sourire du bonheur erre sur ses lèvres décolorées, une douce joie brille dans ses yeux humides de pleurs. Entourée de sa jeune

[1] Tableau peint sur toile; hauteur 16 pouces, largeur 1 pied. Salon de 1814.

ARRIVÉE DE LOUIS XVIII A PARIS.

famille, elle oublie ses maux personnels, et ne paroît occupée que de la félicité publique.

Tel est l'ensemble touchant qu'offre le tableau de madame Auzou. La délicatesse et la perfection des détails ne le cèdent en rien au sentiment exquis de la composition; chaque figure a bien le caractère, l'expression qui convient à son âge, à sa situation particulière; la tête, les mains de la femme malade sont d'une couleur transparente et vraie. L'action du petit garçon qui retient sa plus jeune sœur se précipitant avec l'étourderie de l'enfance vers la fenêtre ouverte est naturelle, et jette dans cette scène domestique un intérêt local qui ajoute à la vérité du tableau. Tous les ouvrages de madame Auzou sont remarquables par la manière simple et toujours juste dont les sentiments de l'ame y sont exprimés; mais dans aucun plus que dans celui-ci, son pinceau facile n'a su rendre les émotions douces et tendres, les sensations vives et délicieuses.

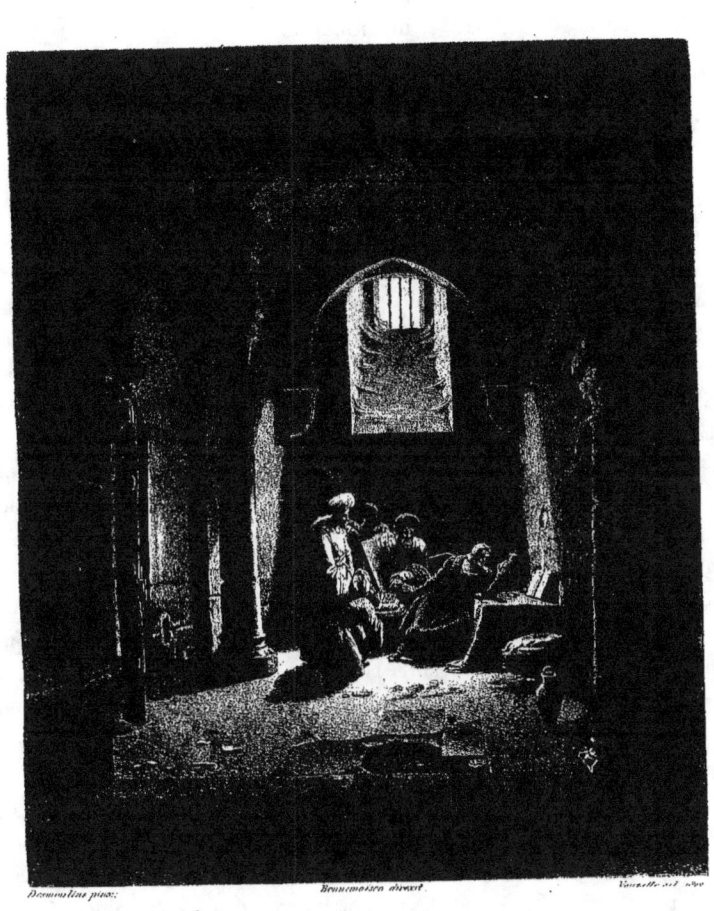

SAINT LOUIS EN PRISON[1],

PAR M. DESMOULINS.

Webb, écrivain élégant et homme de goût, dit, dans ses *Réflexions sur la peinture*, que les sujets tirés des livres saints ou du *Martyrologe* ne peuvent jamais fournir un beau tableau. Le spirituel abbé Galiani pensoit comme Webb; il prétendoit que Michel-Ange l'avoit bien senti, et que, dans ses diverses compositions religieuses, il avoit substitué le caractère antique aux physionomies pâles, aux barbes juives, aux cheveux plats des saints du Nouveau Testament. Quoi qu'il en soit de l'opinion de ces deux écrivains, les peintres de l'ancienne école, et ceux de l'école moderne, à leur exemple, ont dans cent endroits divers représenté des saints de l'espèce de ceux que réprouvoit, dit-on, Michel-Ange; et toutes les églises, et tous les palais des princes de la chrétienté, sont remplis de figures à cheveux plats, à barbes juives, à physionomies pâles....

L'histoire d'un roi qui fut juste, qui, par ses cours et ses tribunaux, fit rendre à tous une égale justice; qui, maître du pouvoir absolu, limita lui-même ses droits, et proclama des règles sages qui durent éclairer la conduite des grands aussi bien que celle du peuple; qui, guerrier illustre, fut humain; qui, prince chrétien et d'une éminente piété, éleva une digue devant les prétentions de la cour de Rome; qui enfin donna l'exemple des mœurs, de la foi gardée, et du respect des traités; l'histoire d'un tel roi, disons-nous, malgré les cheveux plats et la figure un peu pâle du monarque, a dû, en dépit de Webb et de Galiani, fournir à la peinture de grandes scènes et des tableaux d'un haut intérêt. Aussi les peintres de Louis XIV et ceux d'une époque plus reculée se sont-ils plu à retracer sur la toile les plus beaux traits de la vie de saint Louis.

Mais nous ne devons point examiner ici ces pages étendues et nombreuses; il ne s'agit que d'un petit cadre où l'élégant pinceau de M. Desmoulins a rendu un nouvel

[1] Tableau peint sur toile; hauteur 15 pouces, largeur 12 pouces.

SAINT LOUIS EN PRISON.

hommage au roi qui fut, comme Henri IV l'a été depuis, nommé *le père de ses sujets*.

Séparé de ses braves chevaliers, jeté dans une prison humide, privé de tous secours, Louis IX voit ses vainqueurs à ses pieds. Pleins d'admiration pour ses vertus, ils le conjurent d'embrasser l'islamisme et d'accepter le diadème et le turban qu'ils lui présentent. Le pieux héros repousse leurs offres profanes, et, fier de mourir dans la foi de ses pères, il presse contre ses lèvres l'image du dieu qu'il révère.

Voilà le tableau de M. Desmoulins. L'ajustement, la pose des figures sont vrais, l'architecture est bien celle de l'époque et conforme aux traditions locales; tout révèle le délabrement de l'intérieur de la prison, où l'air ne pénètre que par une ouverture que tapissent de nombreuses toiles d'araignées. Il ne manque à cette petite composition, pleine d'intérêt d'ailleurs, que quelques touches plus vigoureuses; mais cet ouvrage est le premier qui ait fait connoître M. Desmoulins, et il annonce de la part de cet artiste de l'élévation dans la pensée, une connoissance parfaite de l'emploi du clair-obscur, et de l'harmonie du coloris.

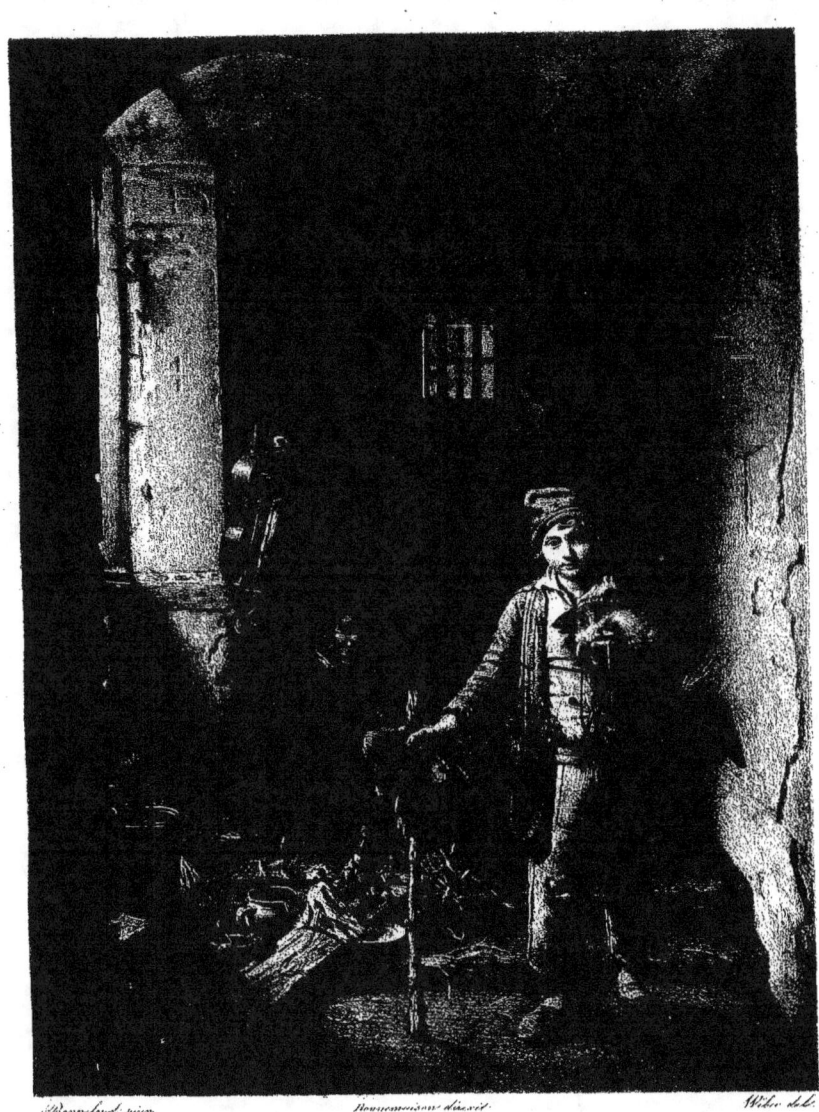

Chambre à coucher des petits Savoyards.

LA CHAMBRE DES PETITS SAVOYARDS,

PAR M. BONNEFOND.

Cette chambre n'est qu'un obscur cellier, dont les murs, humides et noircis par le temps, sont à demi ruinés; une lumière incertaine y pénètre par deux ouvertures. Dans le fond, assis sur une poignée de paille, l'un des Savoyards donne à manger à sa marmotte; l'autre, prêt à sortir, tient la sienne. Une vielle suspendue au mur, une planche à laquelle deux marionnettes sont attachées, voilà le mobilier des enfants des montagnes, voilà la disposition du tableau de M. Bonnefond.

Premier ouvrage connu de cet artiste, cette production est remarquable par sa simplicité naïve et par le fini des détails; elle annonce sur-tout un talent positif pour l'imitation. Malgré quelques teintes rougeâtres, la couleur en est généralement harmonieuse, et l'effet en est assez piquant pour qu'on excuse la lourdeur de quelques tons peu transparents.

Les Savoyards de M. Bonnefond sont charmants; ils le sont trop peut-être, quoiqu'il n'y ait point de classe privilégiée pour la grace et pour la beauté. A l'excessive propreté des haillons dont ils sont couverts, à l'éclat de leur teint fleuri, on croiroit qu'une mère soigneuse a présidé à leur toilette du matin.... Ils ne sont point orphelins, ils ne sont point abandonnés... ils intéressent moins, s'ils plaisent davantage.

(1) Tableau peint sur toile; hauteur 2 pieds 9 pouces, largeur 2 pieds. Salon de 1817.

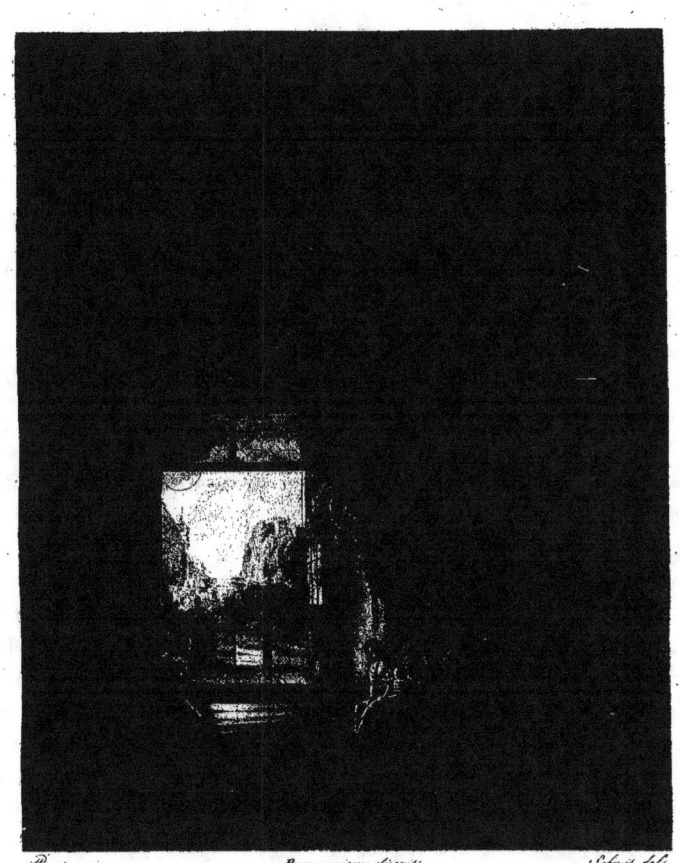

Une Baigneuse.

LA PETITE BAIGNEUSE[1],

PAR M. BOUTON[2].

La figure dont ce tableau prend son titre n'en est pour ainsi dire que l'accessoire obligé, l'architecture en est la partie principale; et, sous ce rapport, le peintre a atteint son but, celui de représenter avec une extrême fidélité les effets de la perspective et ceux du clair obscur. Élève d'un maître habile[3], et son digne émule, M. Bouton connoît à fond les ressources du genre auquel il s'est particulièrement adonné, et les résultats qu'il en obtient ont lieu de toujours le satisfaire.

Toutefois, et il faut bien en convenir, aucun des ouvrages que cet artiste a successivement exposés n'a pu faire oublier les beautés supérieures de ceux qui signalèrent ses débuts; et l'on compte toujours parmi ses meilleurs tableaux la salle du quinzième siècle aux Petits-Augustins, et les Thermes de Julien[4].

On pourroit à ce sujet faire une remarque assez vraie, c'est qu'il arrive presque toujours que la première production d'un peintre d'intérieur et de ruines est le plus parfait de ses ouvrages; en assigner précisément la cause seroit assez difficile sans doute: cependant il est permis de croire et de dire que l'artiste, plein des études préparatoires auxquelles il a été obligé de se livrer, laisse jaillir dans ses essais les effets purs et vrais de la nature qu'il a observés avec une scrupuleuse attention, tandis que plus tard, et comme certain de ceux que sa manière doit produire, il adopte une sorte de système plus agréable peut-être pour l'harmonie et l'originalité du tableau, mais moins satisfaisant pour ceux qui dans les arts d'imitation aiment avant tout la vérité.

Cependant cette observation générale ne peut guère s'appliquer aux ouvrages de

---

(1) Tableau peint sur toile; hauteur 20 pouces, largeur 15 pouces. Salon de 1817.
(2) Né à Paris.
(3) M. Prevost.
(4) Exposés en 1814. Le dernier de ces tableaux, ainsi que la vue de la chapelle du Calvaire à Saint-Roch, est au musée du Luxembourg.

LA PETITE BAIGNEUSE.

M. Bouton, et ses tableaux de Charles Édouard, de saint Louis au tombeau de sa mère[1], de Jeanne Gray, de la Grotte de Saint-Germain de la Truite[2], prouvent assez qu'il est fidèle observateur des règles du naturel et du vrai.

Sa *petite Baigneuse*, l'une de ses productions les moins importantes, se distingue pourtant par la finesse des tons, la légèreté de la touche, et la transparence du coloris, qualités qu'aucun autre de ses grands cadres ne possède plus éminemment. Le caractère grave de l'architecture de cette salle de bain a quelque chose du style grec, tandis que les vitraux, et la grille en fer d'un travail très délié qui en ferme l'entrée, rappellent le goût du siècle de Henri II. Des figures que l'artiste a placées dans sa composition, l'une est à demi-nue, l'autre est à peu près vêtue comme les femmes de l'Italie. Il n'est donc guère possible de dire si cet intérieur est celui de quelque édifice existant, ou seulement une production idéale.

Quoi qu'il en soit, les tons chauds d'un ciel brillant qui répand sur le fond du tableau un jour lumineux et pur, tandis que les premiers plans restent dans l'ombre ; les monts couronnés de vieilles tours qui ceignent l'horizon dans la demi-teinte, et enfin l'aspect général et le travail très soigné de cette production, font de *la Baigneuse* un ouvrage remarquable et digne de la place qu'il occupe dans la galerie dont il n'est pas un des moindres ornements.

(1) Exposés en 1819. Le dernier est placé dans la galerie de Diane à Fontainebleau.
(2) Exposés en 1822.

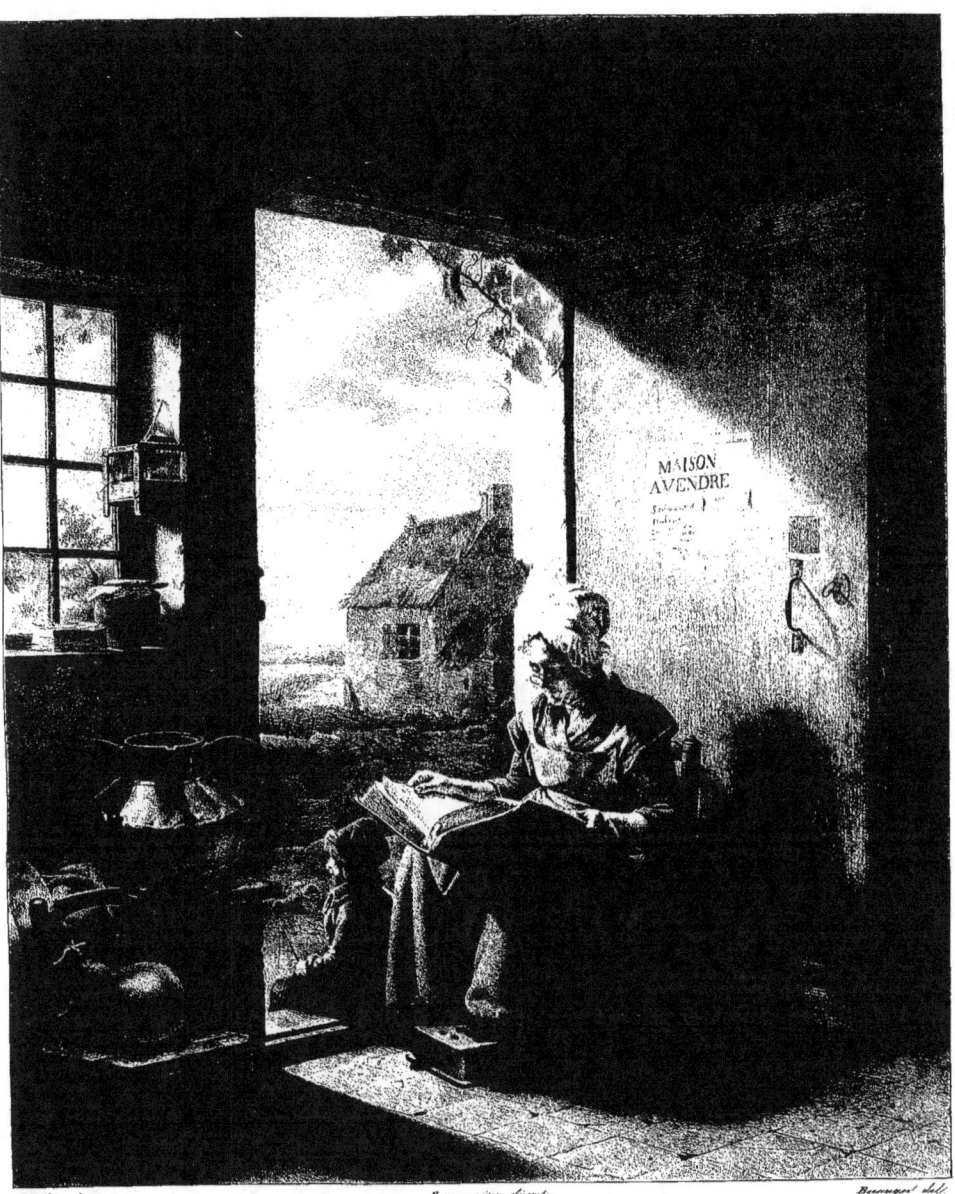

Maison à vendre

MAISON A VENDRE[1],

PAR M. MARTIN DROLLING.

Au déclin d'un beau jour d'automne, une vieille femme, dont le front brilloit d'une douce sérénité, lisoit la Bible avec un profond recueillement, dans une chambre basse où se voyoient un vase de cuivre, une vessie remplie de vent, laissée sur une chaise de bois, une cage, et quelques ustensiles. Cette vieille femme étoit assise près d'une porte ouverte, sur laquelle une affiche à demi-déchirée laissoit lire : *Maison à vendre*. Les derniers rayons du soleil éclairoient sa figure vénérable; non loin d'elle, et sur le seuil, un jeune enfant, les regards tournés vers l'horizon, ne sembloit pas beaucoup écouter la lecture de sa grand'mère. Une vigne ondoyante couronnoit de ses pampres verts la porte et la croisée de cette humble demeure; le ciel étoit pur, la nature tranquille : il y avoit dans tout cela quelque chose qui disoit l'heureuse paix des champs...

Ce tableau s'offrit à la vue de Drolling, ou plutôt son imagination riche et neuve créa cette aimable fiction, et ses pinceaux la fixèrent sur la toile avec une grace, avec un naturel inimitables.

Né le 19 septembre 1752 à Bergheim, près Schelestadt, Martin Drolling reçut les premières notions du dessin d'un peintre vitrier. Il ne tarda pas à sentir qu'un tel maître ne pouvoit le conduire bien avant dans la carrière. Ses parents étoient sans fortune, et leur volonté contrarioit sa vocation. Ce ne fut qu'après de longues difficultés qu'ils consentirent à son départ pour Paris. Arrivé dans ces lieux, il se livra sans relâche à l'étude de son art; il fit bientôt des progrès qui le signalèrent aux amateurs éclairés : il trouva parmi ceux-ci des hommes généreux, amis du vrai talent, qui, justes appréciateurs de son mérite, encouragèrent ses travaux. Dès-lors, il ne fit pour ainsi dire que marcher de succès en succès, sans toutefois s'élever à une fortune rapide. D'abord il peignit le portrait : il y réussit; mais la vue des tableaux de genre, où les Hollandois

---

(1) Tableau peint sur bois; hauteur 1 pied 10 pouces, largeur 1 pied 4 pouces. Salon de 1806.

MAISON A VENDRE.

et les Flamands ont montré tant de supériorité, éveilla en lui de nouvelles idées, des penchants nouveaux, et son goût fut irrévocablement fixé: il ne chercha plus qu'à les imiter, qu'à devenir leur digne rival, et il y parvint.

Moins précieux, moins léché que Gérard Dow, il a la finesse de son pinceau et la suavité de son coloris; plus correct que Terburg, il est vrai, exact comme lui dans l'imitation des étoffes; moins trivial que Teniers, il l'égale par la légèreté des tons, l'esprit et la facilité de la touche, et l'art avec lequel il répand le jour et dégrade la lumière. On peut dire que, guidé par un tact sûr, il a choisi dans les maîtres qu'il étudioit les endroits par où ils excelloient, et qu'il a fondu leurs diverses manières dans la sienne pour en faire un tout parfait.

Mais au moment où Drolling obtenoit les triomphes les plus doux, quand ses tableaux de l'*Intérieur d'une cuisine*, d'une *Salle à manger;* quand sa *Maîtresse d'école de village* [1], attiroient tous les regards et méritoient les suffrages les plus flatteurs, il fut enlevé à sa famille, aux arts, et à l'amitié!... Il mourut le 16 avril 1817.

[1] Ces trois ouvrages furent exposés en 1817. Le premier est maintenant au Louvre; le second, dont nous donnerons plus tard une copie fidèle, se trouve, ainsi que le *Mea culpâ* (salon de 1814), dans la galerie de S. A. R. madame la duchesse DE BERRY. Le dernier, la *Maîtresse d'école*, celui de tous que Drolling affectionnoit le plus, appartient encore à son fils[*]. La *Laitière* et le *Verglas*, exposés en 1814, se trouvent dans la galerie de S. A. S. Mgr le duc d'ORLÉANS. Le *Messager* (salon de 1806) fut acheté par M. de Tourzelle. Le *Petit Commissionnaire* (1808) appartient à M. de Livry. Le *Marchand forain* (1814) fut vendu à M. Maret; et *la Dame de charité* (de la même époque) est à M. Odiot.

[*] Dans un genre plus élevé, comme son père, il cultive le bel art de la peinture. Ancien pensionnaire de l'école de Rome, l'année même, où il perdit l'auteur de ses jours, il exposa son tableau de la *Mort d'Abel* qui plaça son nom parmi ceux des artistes, l'espoir et l'honneur de notre école. Toujours prompt à encourager le vrai talent, et généreux dispensateur d'une grande fortune, M. de Somariva acheta cette première production de M. Drolling. *Orphée perdant Eurydice*, exposé en 1819, et le *Bon Samaritain*, que nous avons vu au salon de 1822, n'ont fait qu'ajouter à la réputation de ce jeune peintre. L'un de ces tableaux est au musée du Luxembourg; l'autre est destiné à celui de la ville de Lyon.

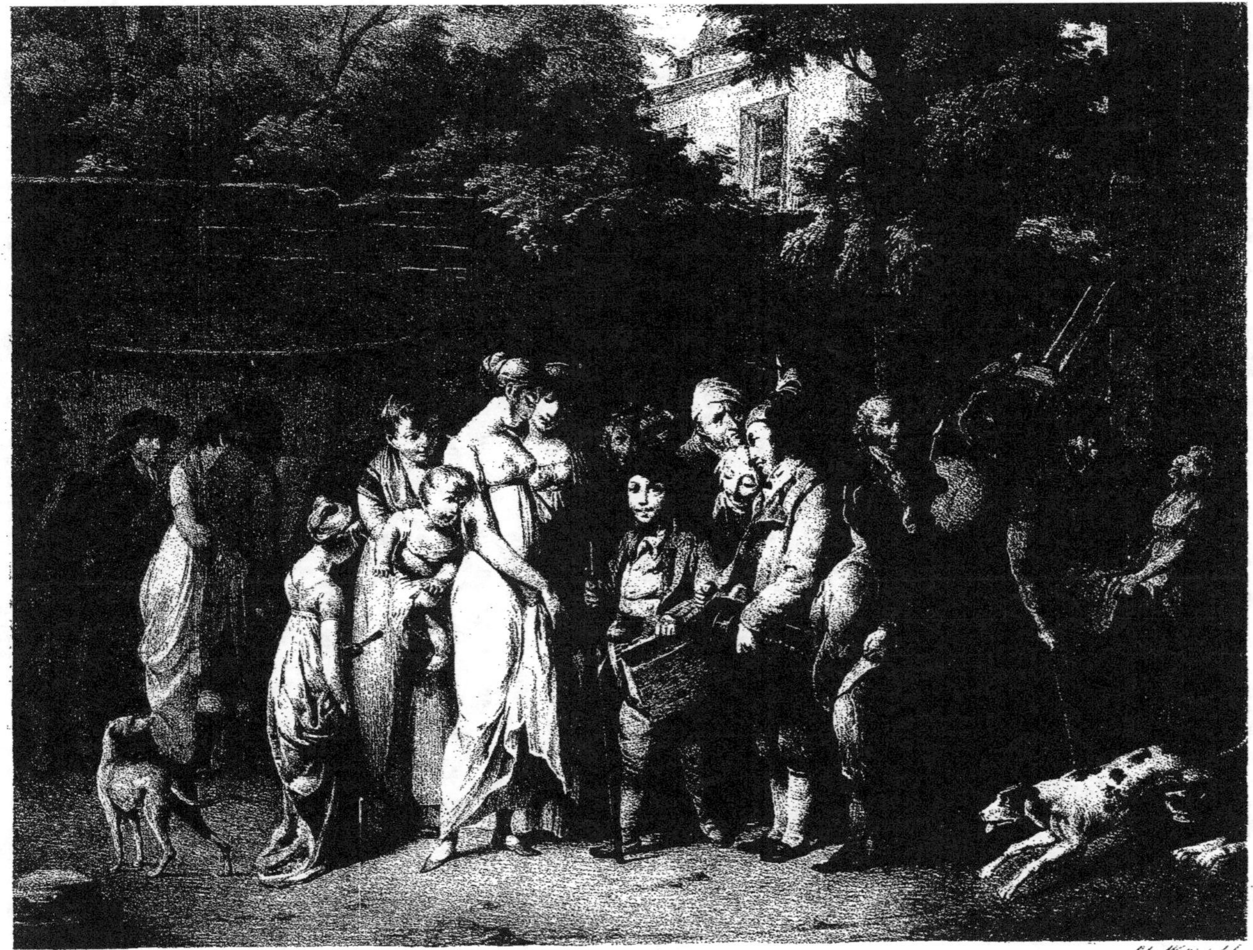

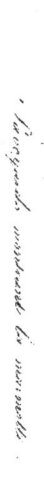

UNE SCÈNE DES BOULEVARDS[1],

PAR M. BOILLY.

M. Boilly excelle dans l'art de retracer les scènes populaires. Imitateur des peintres flamands, et pourtant conservant toujours une originalité locale, comme eux il ne va chercher le sujet de ses tableaux ni dans les palais ni dans les temples; c'est au village, sur les promenades, dans les places publiques, à l'entrée des théâtres, au cabaret même, qu'il prend ses modèles : il peut être considéré comme le premier qui, de nos jours, ait exploité cette mine devenue depuis si féconde. Créateur de ce genre dans notre école, il a eu de nombreux émules, que la mode, et aussi (on ne peut s'empêcher de le dire) un esprit spéculateur, ont entraînés vers ces compositions où la médiocrité même est plus supportable que dans celles d'un ordre plus relevé; de là, ces cadres multipliés de scènes villageoises et quelquefois burlesques, qui se montrent dans nos expositions solennelles. Ceux de M. Boilly sont toujours remarquables par la vérité de l'action, l'expression naïve, la disposition des groupes, et sur-tout par un faire qui imprime à tous ses ouvrages comme un cachet particulier. L'on a vu, l'on connoît ses personnages; on les a entendus, on croit les entendre encore.

Arrêtez vos regards sur ce petit Savoyard; ne l'avez-vous pas déjà rencontré sur le boulevard, aux Champs-Élysées? N'est-ce pas lui qui hier fit danser sa marmotte pour vous amuser et pour exciter aussi votre libéralité? Hé bien, il va la faire danser encore, si vous y trouvez du plaisir. Des oisifs, des curieux, des gens du faubourg et de la ville, se pressent autour de lui; leurs visages sont, pour le moins, aussi plaisants que les lazzi du jeune montagnard. On rit en l'écoutant; vous riez vous-même à la vue de cette gracieuse composition, et vous n'avez pas le courage de dire au peintre que son coloris, tout brillant qu'il est, manque quelquefois de transparence.

(1) Tableau peint sur bois en 1800; hauteur 9 pouces, largeur 12 pouces. Salon de 1814.

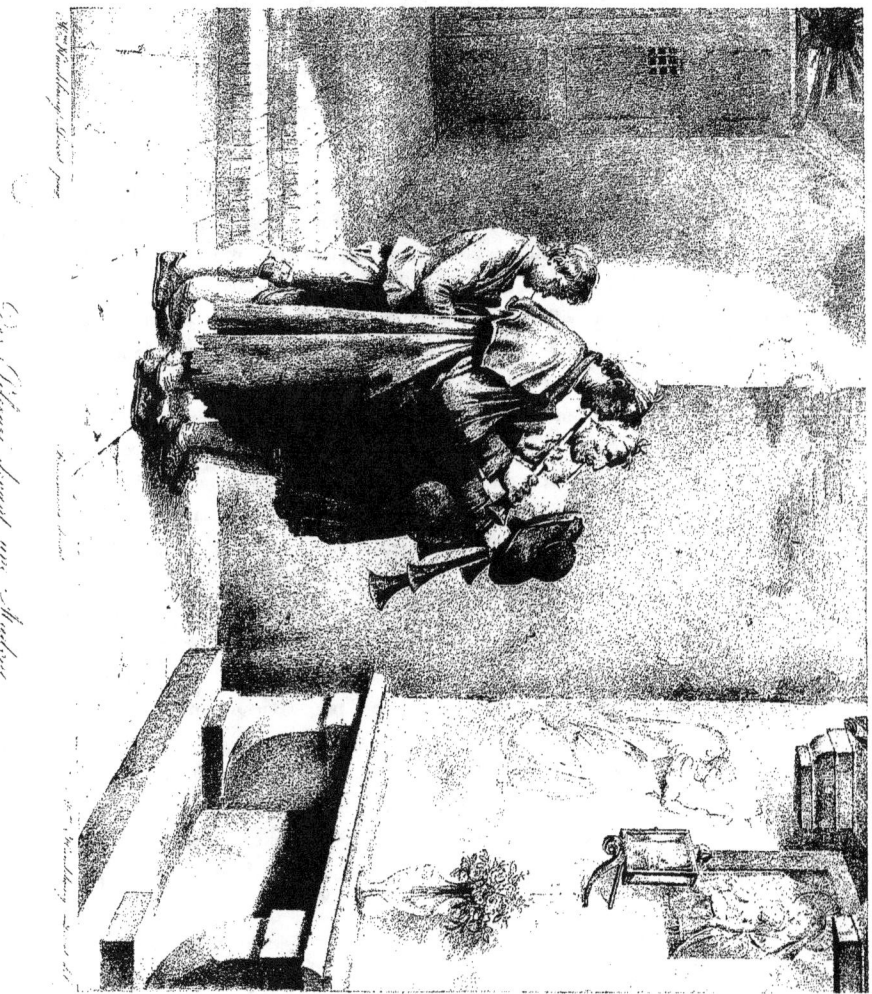

DES PIFERARI DEVANT UNE MADONE[1],

PAR MADAME HAUDEBOURT LESCOT.

A l'époque où l'église célèbre l'anniversaire de la naissance du Sauveur du monde, les Piferari quittent en foule leurs montagnes. Ils laissent leurs troupeaux, et, rappelant en quelque sorte l'adoration des bergers de l'Orient, ils font résonner tous les lieux où se trouvent des madones du bruit de leurs pipeaux rustiques. Ils parcourent Rome et les autres villes de l'Italie, allant de maison en maison, de palais en palais, par-tout enfin où l'image de la Vierge se rencontre, et faisant, pour ceux dont la foi est vive, la croyance profonde, des neuvaines dont le prix leur est payé en proportion du bien qu'on en attend. Lorsqu'ils ont échangé contre quelques pièces d'argent leurs pieux et monotones concerts et des ustensiles de bois grossièrement façonnés par eux, satisfaits du produit de leur excursion momentanée, ils retournent, quinze jours après les fêtes de Noël, vers leurs paisibles demeures.

Madame Haudebourt Lescot, dont le porte-feuille est enrichi de précieuses études qu'elle a faites en Italie, dont l'esprit observateur règle les heureuses inspirations, se plaît à retracer souvent les mœurs, les costumes, les actions du peuple chez lequel elle a long-temps vécu, et dont elle a étudié avec fruit les penchants et les coutumes. Les joueurs de Pifaro ne pouvoient manquer d'offrir à ses pinceaux le sujet d'une scène originale et naïve. Un coloris brillant, une touche large et ferme, une grande simplicité dans les poses, un effet de lumière bien entendu, une justesse infinie dans le caractère national des personnages, telles sont les qualités qui font distinguer ce joli tableau parmi les nombreuses et spirituelles compositions de madame Haudebourt Lescot. La copie que nous en offrons rend d'autant plus exactement tout l'aspect de cette gracieuse production, qu'elle est due au crayon facile du peintre même qui la créa.

(1) Tableau peint sur toile; hauteur 1 pied 5 pouces, largeur 1 pied 10 pouces. Salon de 1814.

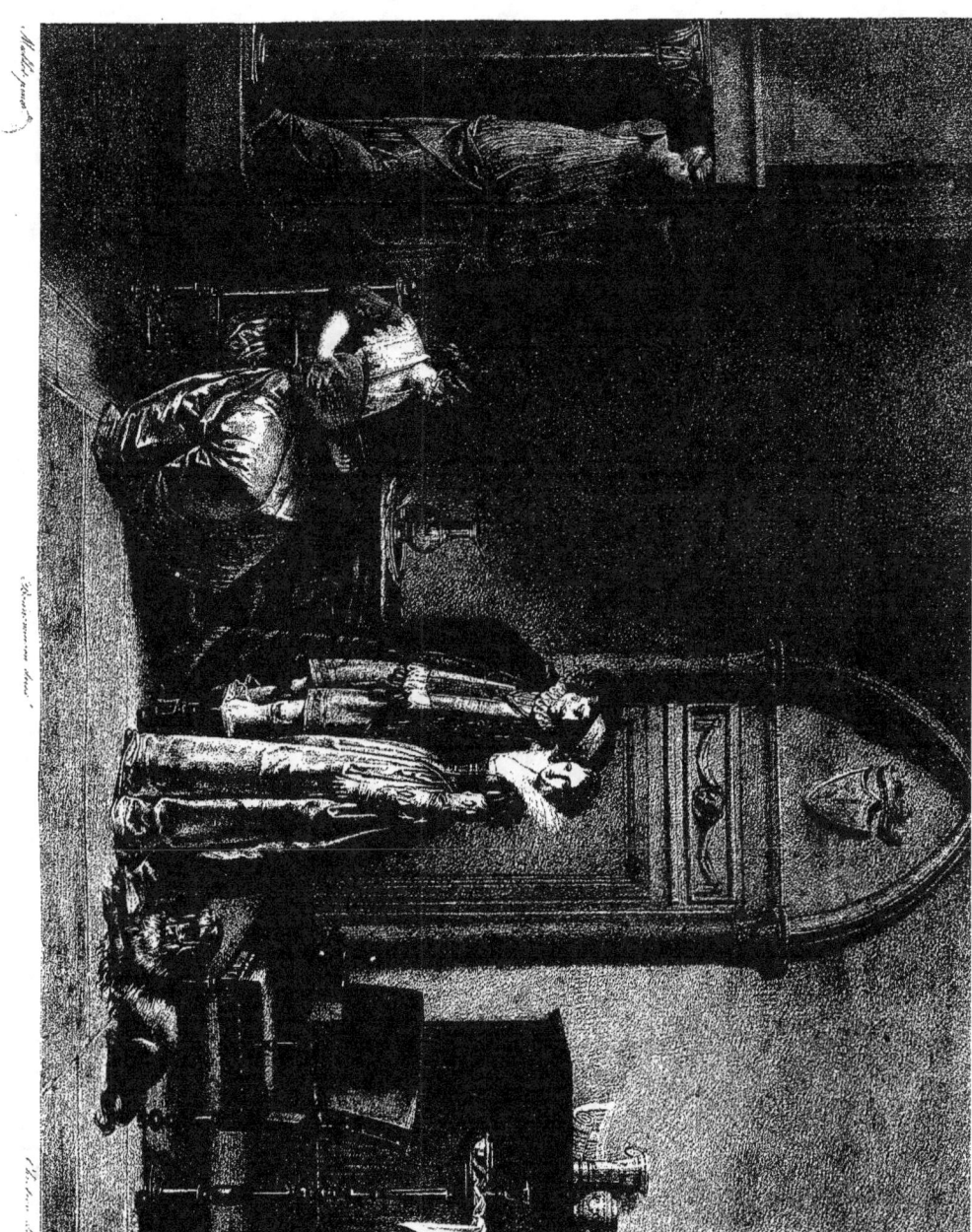

UNE SCÈNE HOLLANDOISE[1].

INTÉRIEUR.

PAR M. MALLET[2].

Quelques gouaches d'une composition agréable et d'une touche spirituelle avoient déja fait connoître M. Mallet, quand ses essais à l'huile promirent à notre école un peintre de plus dans le genre gracieux.

Le tableau dont nous offrons aujourd'hui le dessin est des premiers temps de cet artiste[3].

Une femme vêtue de soie jaune, assise près d'une haute cheminée à cariatides, chante en s'accompagnant de la guitare; devant elle, et debout, un jeune homme et une jeune personne élégamment habillés, ne l'écoutent qu'avec distraction; un chien est couché à leurs pieds : ils occupent les premiers plans, et le fonds est rempli par une table couverte d'un tapis et par une petite bibliothèque sur laquelle on voit des vases de porcelaine.

Le coloris de cette composition ne manque ni de fraîcheur ni de finesse, et les étoffes sont touchées avec assez de vérité. Cependant on y remarque quelques incorrections, soit dans le dessin des figures, soit dans les lignes de la perspective: cela n'empêche pas que l'on ne découvre en plus d'un endroit de ce petit ouvrage, par lequel M. Mallet préludoit aux succès qu'il a obtenus, le germe du talent facile et vrai qui devoit créer les *Deux Jumeaux*[4], et l'*Éducation de Henri IV*[5].

---

(1) Tableau peint sur bois; largeur 1 pied, hauteur 9 pouces.
(2) Né à Grasse, département du Var, élève de MM. Simon Julien de Toulouse, Mérimée, et Prudhon.
(3) 1791 ou 1792.
(4) En 1812.
(5) Salon de 1817. Ce tableau a mérité à l'artiste une médaille d'or, et a été envoyé à la ville de Pau par le ministère de l'intérieur, qui en avoit désigné le sujet.

Michallon pinx.   Beaumani sculp.   Villerey del.

Vue d'un campagne de Italie.

CAMPAGNE DE LA GRÈCE[1],

PAR M. MICHALLON.

Un voyageur se repose sous de vieux arbres dont les rameaux vigoureux, chargés d'un feuillage épais, répandent au loin leur ombre salutaire; il a suspendu une partie de ses vêtements à leurs branches, et se rafraîchit dans le petit ruisseau qui coule à leurs pieds : près de lui, un homme d'un âge mûr s'est arrêté; ils paroissent s'entretenir ensemble : sur un plan plus reculé, et à droite, un pâtre joue de la flûte ionienne en gardant ses troupeaux; il est assis au bord d'une rivière sur laquelle on découvre quelques nochers dans un frêle esquif. Un pont et des fabriques d'un style sévère s'élèvent au-dessus de la rivière, et dans le centre du tableau; plus loin, des coteaux coupés et variés dans leurs aspects, forment un rideau derrière lequel viennent se précipiter des nuages vaporeux que dorent les derniers rayons du soleil.

La disposition de ce paysage est simple et heureuse; il y a de l'air dans le ciel, de l'étendue dans la campagne, de l'harmonie dans les tons. Les inégalités du sol sont rendues avec non moins de fermeté que de vérité. Cet horizon, légèrement chargé des premières vapeurs du soir, ces arbres dont les vents d'automne ont déja jauni le feuillage, ces eaux transparentes qui suivent doucement leur cours; tout se revêt dans cette composition des couleurs d'une imagination rêveuse et poétique, tout y invite à la mélancolie.

Ce tableau, dans lequel le peintre, à peine à son adolescence, montroit déja un talent si naturel, une si grande élévation dans la pensée, arrêta les yeux de Mgr le duc de Berry, et valut à M. Michallon la protection particulière de ce prince généreux. Son Altesse Royale, qui joignoit à une imagination vive et brillante un goût d'autant plus sûr, qu'il s'étoit développé par des études dans l'art du dessin, vit bientôt tout ce

---

[1] Tableau peint sur toile, exposé au salon de 1814, sous l'indication de *Soleil couchant*; hauteur 13 pouces, largeur 18 pouces.

CAMPAGNE DE LA GRÈCE.

que promettoit à la nouvelle école le jeune homme qui débutoit ainsi. La richesse des détails, la disposition facile des groupes d'arbres, le faire large et vigoureux des terrasses, les effets piquants de la lumière, rendus avec autant de finesse que de légèreté; tout cela n'échappa point aux regards du prince, et s'il reconnut quelque papillotage dans le feuillé, quelques duretés même dans les contours des arbres, il ne vit dans ces défauts que la méthode de l'école, que des réminiscences, qu'un faire de pratique, qui disparoîtroient bientôt des compositions de Michallon, dont la nature sembloit devoir être plus tard le guide inspirateur. Les nouveaux ouvrages du jeune peintre ne manquèrent point de justifier les encouragements que lui avoit accordés son auguste protecteur; le premier prix de paysage lui fut décerné en 1817, et lui permit d'aller, comme pensionnaire du gouvernement, poursuivre ses heureuses études sur la terre classique des beaux-arts. C'est de Rome que M. Michallon envoya à Paris *la Mort de Roland*, *la Vue du lac Némi*[1], plus tard il vint lui-même enrichir une exposition solennelle du fruit de ses pinceaux, et cette fois, il obtint le prix le plus flatteur qu'il pût ambitionner, ses tableaux fixèrent le choix de Sa Majesté[2].

Tout sembloit promettre à M. Michallon de longs jours de succès et de gloire, tout sembloit promettre à nos musées de nouvelles richesses dues à son beau talent, quand la mort vint le frapper inopinément, et l'arracher à l'amitié dont il avoit à peine reçu les premiers embrassements à son retour de Rome, aux arts qui venoient de lui sourire, et de déposer sur son front la couronne du triomphe.

Fils d'un homme[3] qui lui-même avoit, dès ses plus jeunes années, montré un goût décidé pour l'étude des beaux-arts, et qui, par l'opiniâtreté de son travail, s'étoit placé dans un rang distingué parmi les sculpteurs de son époque, Achille Etna Michallon naquit à Paris en 1797. Privé presque en naissant du guide que la nature lui avoit donné, il fut confié par son père mourant à la garde et aux soins d'un ami fidèle. Entouré dès le berceau des artistes les plus recommandables, soit par leurs talents, soit par leurs mœurs, il trouva parmi eux des maîtres supérieurs[4], des conseillers sages, des appuis toujours prêts à soutenir ses essais, à l'encourager, à le diriger dans la route où déjà ses propres idées le conduisoient si sûrement.

Michallon n'eut de l'enfance et de la jeunesse que l'enjouement et la gaieté. Il dut autant à son heureux naturel qu'à son éducation tout en exemples qui instruisent

---

[1] En 1819. Le premier de ces tableaux appartient au Roi.
[2] En 1822.
[3] De Claude Michallon, né à Lyon en 1751, mort à Paris en 1799.
[4] Il fut élève de MM. Bertin et Valenciennes.

CAMPAGNE DE LA GRÈCE.

mieux que les préceptes, de n'avoir qu'un but; le sien étoit la gloire, il y marchoit avec cette volonté de décision qui tient à des principes certains, et qu'un caractère ferme fait toujours, ou le plus souvent, du moins, triompher, parceque les uns tiennent leur force de l'autre, et qu'ils se prêtent de mutuels secours[1]. Né au Louvre, il trouva dans un homme vertueux et honoré[2] un père aussi éclairé que tendre; il vécut au milieu des artistes, et constamment sous leurs yeux, sans donner jamais l'occasion d'un reproche; aussi n'a-t-il laissé qu'une pensée, celle d'une mémoire sans tache. Sa vie, dont le terme devoit être si court, a été l'exemple des plus douces vertus; et ses amis, secondant les vœux de celui qui l'avoit adopté dans son cœur, vont payer à sa cendre un douloureux tribut, et lui rendre un hommage digne d'eux et de lui[3].

(1) Nous avons emprunté ces expressions à l'un de ses amis.
(2) M. Francin.
(3) On va lui élever un monument funéraire.

Nota. M. Villeneuve, qui, jeune comme Michallon, studieux comme lui, a remporté déjà le second prix de paysage au dernier concours, qui d'ailleurs par ses beaux dessins du voyage dans l'ancienne France et d'un voyage en Suisse dont nous avons vu quelques planches, s'est acquis une réputation justement méritée dans l'art de la peinture et du dessin lythographique, a voulu copier le tableau de M. Michallon, et son travail a justifié les éloges que nous nous plaisons à lui donner.

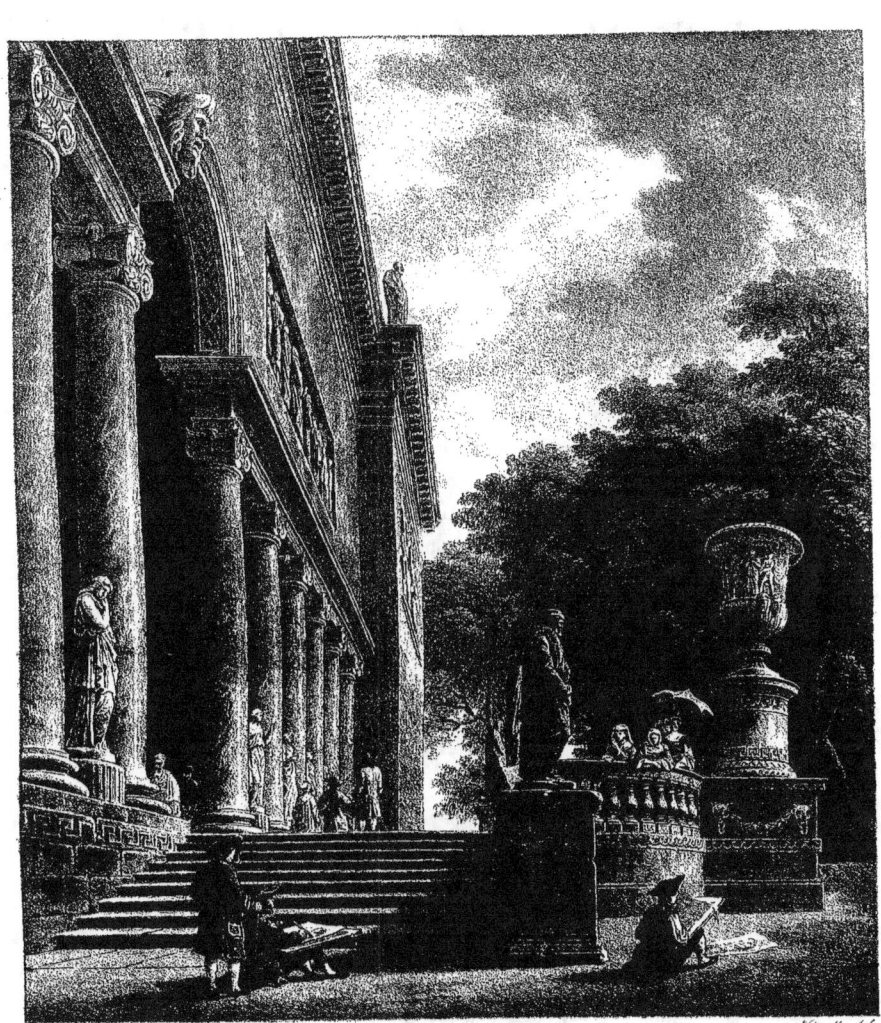

Vue d'un Palais d'Italie

VUE D'UN PALAIS D'ITALIE[1],

PAR M. HUBERT ROBERT.

« Robert est un jeune artiste qui se montre pour la première fois ; il revient d'Italie « d'où il a rapporté de la facilité et de la couleur. Il a exposé un grand nombre de « morceaux entre lesquels il y en a d'excellents, quelques uns de médiocres, presque « pas un de mauvais. » Voilà ce qu'en 1767 Diderot écrivoit à son ami Grimm, et ce jugement d'un homme d'esprit, d'un génie supérieur, est le seul que l'on puisse porter encore des ouvrages multipliés qui sont sortis du pinceau de Robert durant sa longue carrière.

Son imagination vive et capricieuse ne lui permit guère de se plier jamais aux règles d'une stricte imitation ; il écouta plus souvent les inspirations de son goût, qu'il n'observa les effets exacts de la nature. Toutefois ses compositions plaisent parcequ'il y a dans leur ordonnance un agrément remarquable, et dans leur exécution un faire d'une telle facilité, qu'on ne s'arrête pas même à ce qu'il peut avoir de trop négligé quelquefois.

Robert peignit rarement des vues entièrement prises de tel ou tel endroit ; il arrangea la nature à sa guise : il disposa les sites, il plaça les édifices, les monuments, selon qu'il en voulut obtenir des effets plus singuliers et plus pittoresques. Riche de ses souvenirs, il embellit ses ouvrages des précieux fragments qu'il avoit recueillis de toutes parts, et parvint ainsi à leur donner une espèce de couleur locale, sans que pour cela ils cessassent d'être presque toujours l'unique fruit de son imagination.

C'est ainsi que, dans le tableau dont nous donnons aujourd'hui la copie dessinée, on retrouve le vase de Médicis, des statues antiques, et entre autres celle de Mnémosine, mêlés à des ornements, à une architecture d'un goût moderne, et qui, bien que d'un style élégant, n'ont rien de la sévérité ni de la pureté des anciens. Aussi ce palais dont la brillante colonnade s'enfonce dans l'horizon, cette vaste terrasse qu'entoure une balustrade italienne, n'existent-elles nulle part en Italie ; tout cela est sorti

---

(1) Tableau peint sur toile ; hauteur 2 pieds 4 pouces, largeur 2 pieds.

VUE D'UN PALAIS D'ITALIE.

arrangé de la sorte du cerveau de Robert; il l'a jeté sur la toile; il a placé auprès de ce beau péristyle un rideau d'arbres qui forme une ligne parallèle avec la colonnade, et qui, comme elle, va se perdre dans les derniers plans; et il a donné à l'œuvre de son caprice le titre de *Vue d'un Palais d'Italie*.

Quoiqu'on puisse signaler dans quelques parties de cet ouvrage l'inobservation des principes de la perspective, du moins en ce qui concerne les reflets de la lumière, et les effets de l'ombre, l'ensemble en est gracieux, parcequ'il y a de la fraîcheur, de l'air, du coloris, et que tout y annonce une touche docile et prompte à exécuter les intentions d'un esprit varié.

Né à Paris en 1733, Robert n'eut point de maître; il étudia d'abord le genre historique; mais il y renonça bientôt pour se livrer exclusivement à celui de l'architecture monumentale et des ruines, dans lequel il se montra le constant imitateur de J. P. Pannini. C'est sur un morceau de ce genre qu'il fut reçu académicien en 1766.

Il seroit impossible d'indiquer, même par aperçu, le nombre des ouvrages de cet artiste. Joignant à beaucoup d'activité une incroyable facilité de travail, il a orné de ses peintures les palais de nos rois, les châteaux des princes, et plusieurs riches hôtels de la capitale.

Quelques unes de ses productions les plus estimées se trouvent au Musée royal [1] et dans la galerie du grand Trianon. La *Vue d'un Palais d'Italie* peut tenir sa place entre ses meilleurs ouvrages.

Atteint comme tant d'autres par les proscriptions de la révolution, Robert égaya sa captivité par son humeur enjouée et son talent aimable. Tandis que les récits de ses jeunes étourderies trompoient la douleur de ses compagnons d'infortune, sa main rapide retraçoit sur des assiettes, à défaut de toile ou de bois, les sites les plus riants et les aspects les plus délicieux; son imagination libre se lançoit à travers les grilles et les murs épais, elle embrassoit tout l'univers pour y choisir le motif de ces charmantes esquisses.

Doué d'une constitution vigoureuse, il paroissoit devoir porter sa carrière bien au-delà du terme où la mort l'atteignit. Une soudaine attaque de goutte le frappa devant son chevalet, où il fut trouvé tenant encore de sa main glacée les pinceaux qu'il avoit conduits si long-temps avec tant de bonheur. Il mourut en 1808, âgé de soixante-quinze ans, laissant un nom sans tache, des regrets à l'amitié, et une mémoire justement honorée.

(1) Une porte de ville pratiquée au milieu des ruines d'un temple; un portique sous lequel s'élève une statue équestre en bronze.

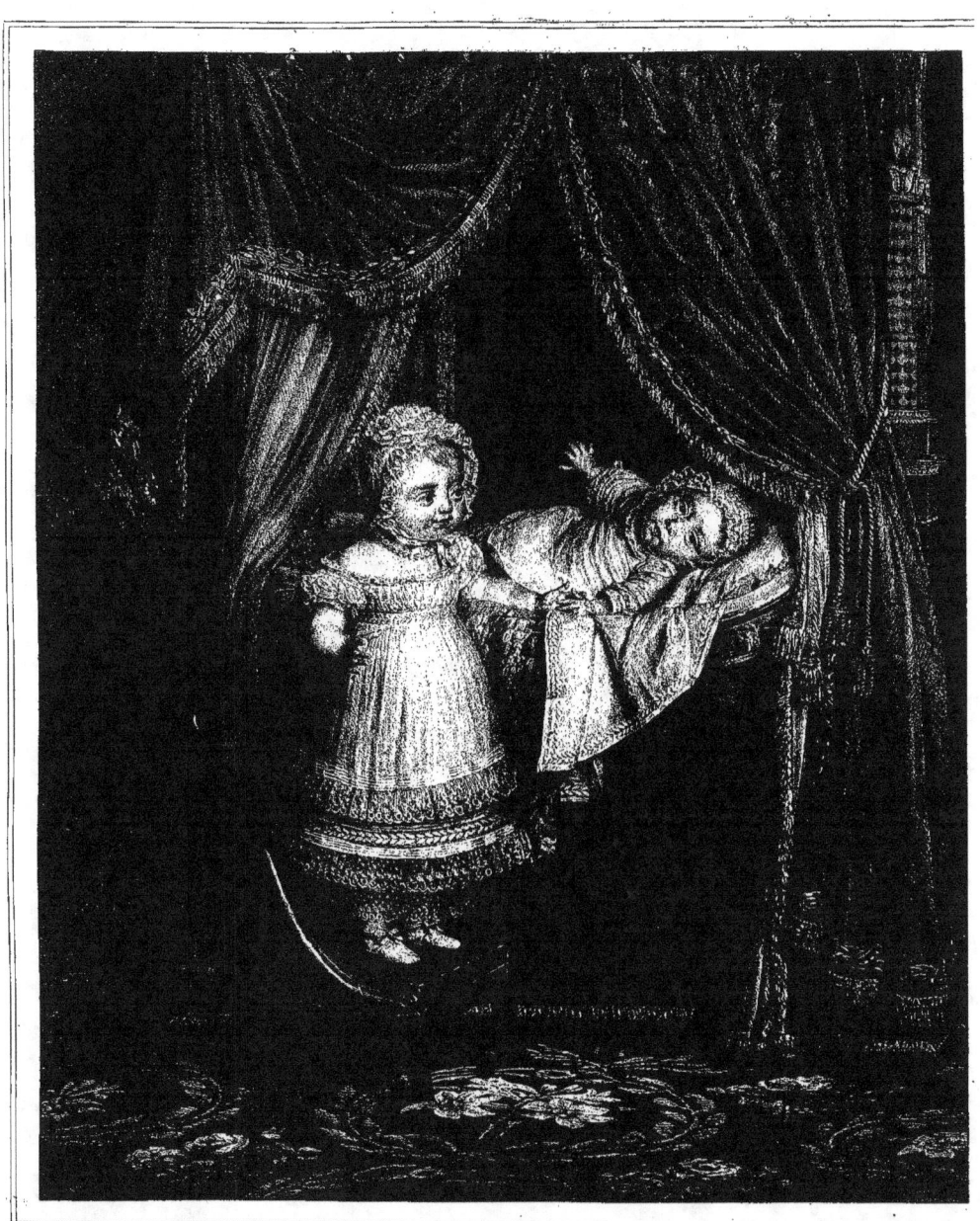

S. A. R. M.gr le Duc de Bordeaux
né le 29 Septembre 1820

S. A. R. Mademoiselle
née le 21 Septembre 1819

LEURS ALTESSES ROYALES

MGR LE DUC DE BORDEAUX ET MADEMOISELLE[1],

PAR M. HERSENT[2].

Rien de plus simple ni de plus parfait à-la-fois que ce charmant tableau : on ne sait lequel on doit admirer le plus, ou du talent qui brille dans la manière dont tous les détails sont rendus, ou de la touchante naïveté répandue sur l'ensemble de l'ouvrage. Tout y est peint de sentiment, tout y parle doucement à l'ame; et sous le rapport de l'art, tout y satisfait le goût le plus pur et le plus élevé. On croiroit qu'il n'a pas été possible de faire autrement; mais il n'y avoit peut-être que l'auteur de *Gustave-Wasa* qui pouvoit faire ainsi. Tour-à-tour pathétique et gracieux, tendre et sublime, M. Hersent est le peintre de la nature : c'est elle qu'il observe, c'est elle qu'il étudie et qu'il ne sacrifie jamais à la vaine prétention d'obtenir des effets plus piquants et plus extraordinaires. Loin de suivre la route commune où tant de beaux talents se sont quelquefois égarés; loin de se jeter dans l'embarras des ornements ambitieux et dans le vague des allégories toujours si froides, toujours si vides de poésie, il a cru qu'il lui suffisoit d'être vrai pour plaire et pour intéresser vivement. Il avoit à peindre des enfants, et il a peint des enfants avec tout le charme que la vérité pouvoit recevoir de ses habiles pinceaux.

C'est dans un berceau, qu'entourent de leurs plis moëlleux de doubles rideaux de mousseline et de tissu de soie, que le jeune prince est couché. Sa sœur, d'une main caressante, va chercher la sienne, et ses regards, pleins de la plus aimable expression, s'arrêtent sur lui. Un tapis parsemé de lis et de roses, quelques broderies rehaussées d'or, des franges, des glands d'argent, voilà tout le luxe des ornements. Aucun des insignes du pouvoir, aucune des marques de la grandeur, n'indiquent le rang des

---

(1) Tableau peint sur toile en 1821; hauteur 4 pieds et demi; largeur 3 pieds et demi.
(2) Né à Paris; élève de M. Regnault.

LL. AA. RR. M⁰ᴿ LE DUC DE BORDEAUX ET MADEMOISELLE.

illustres orphelins; mais si de pompeuses décorations n'annoncent point leur haute origine, leurs traits, reproduits avec une franchise, avec une fidélité admirables, disent assez qu'ils sont les nobles rejetons d'un prince dont le souvenir est venu se placer près de celui de Henri-le-Grand dans tous les cœurs généreux.

Que de pensées se réveillent à l'aspect de ce royal berceau, que de vœux montent pour lui vers le ciel, que d'espérances l'entourent!... On aime à ne voir là que LE DUC DE BORDEAUX, que MADEMOISELLE : c'est eux que l'on cherche dans ce cadre; et si l'on y rencontroit de ces accessoires épisodiques, dont, moins bien inspiré, moins homme de génie que M. Hersent, un autre à sa place se fût servi, sans doute dans l'espoir d'ajouter à l'éclat de son œuvre, on s'en plaindroit, parceque l'on ne veut pas être distrait de l'involontaire et douce émotion qu'on éprouve à la vue du couple innocent qui pouvoit seul consoler la France d'une perte cruelle, et mettre un terme à son long deuil!...

Les figures du prince et de sa sœur sont peintes avec un rare bonheur d'expression; la touche en est fine, le coloris suave et transparent; tous les tons en sont harmonieux, et les vêtements et les étoffes sont exécutés avec une précision qui n'ôte rien à la nature de sa grace et de sa vérité; enfin, et qu'il nous soit permis de le dire, si déja par des pages du style le plus élevé[1], par des compositions du genre le plus gracieux[2], M. Hersent ne se fût placé si haut parmi les peintres de notre âge, les portraits de LEURS ALTESSES ROYALES justifieroient, en quelque sorte, de ses droits aux récompenses honorables qui lui ont été décernées[3].

Le soin de donner un dessin fidèle de ce tableau précieux a été confié à M. Aubry-Lecomte : il a rempli sa tâche avec ce talent remarquable qui, dans les belles têtes d'*Endymion* et de *Zéphire*[4], a prouvé jusqu'où pouvoient s'étendre les ressources multipliées de la lithographie dans les mains d'un artiste habile et studieux.

---

(1) *Louis XVI distribuant ses bienfaits aux pauvres pendant le rigoureux hiver de 1788. Gustave-Wasa.* Le premier de ces ouvrages, exposé en 1817, appartient à Sa Majesté; l'autre, exposé en 1819, orne la galerie de monseigneur le duc d'Orléans.

(2) *Daphnis et Chloé*, salon de 1817. *Ruth et Booz*, salon de 1822. Le roi est possesseur de ce dernier tableau; M. Casimir-Perrier l'est de l'autre.

(3) Membre de l'ordre royal de la Légion-d'Honneur, il a succédé à l'Institut de France (classe des beaux-arts) a M. Vanspaendonck. Élu le 29 juin 1822 par l'académie, son élection a été confirmée par Sa Majesté le 17 juillet suivant.

(4) D'après M. Girodet; elles ont été exposées au salon de 1822.

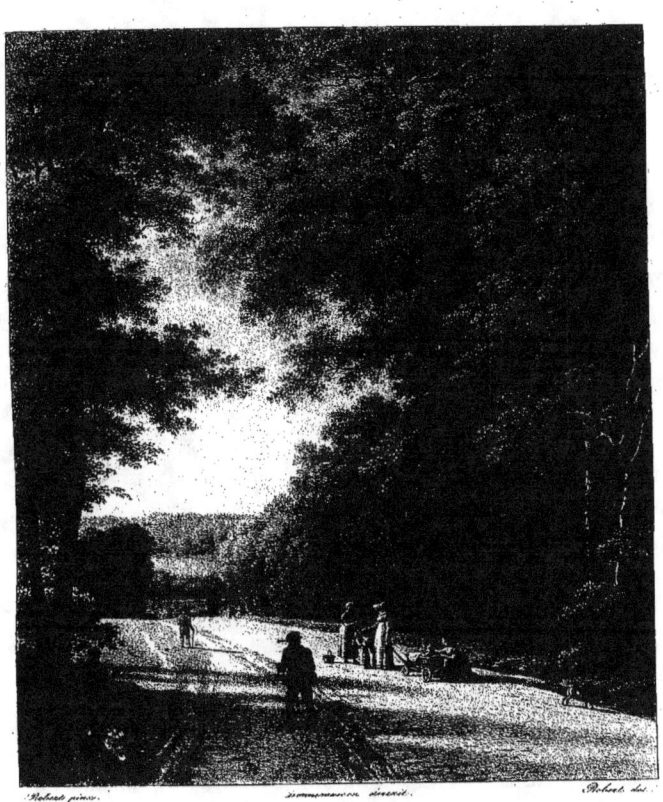

Une Vue de Saint-Cloud.

UNE ROUTE INTÉRIEURE

DU PARC DE SAINT-CLOUD[1].

PAR M. ROBERT.

Ces vieux tilleuls, ces ormeaux antiques, dont le front majestueux se balance mollement dans les airs, bordent une vaste et longue allée qui conduit au palais de Saint-Cloud. On rencontre sur son passage un modeste jardin, vous en découvrez d'ici les murs; là, les fleurs les plus rares et les plus belles étalent leur brillant émail, et répandent au loin les parfums les plus doux. Naguère, dit-on, et dans des temps où les prospérités et la gloire du trône sembloient devoir durer toujours, des mains royales se plaisoient à cultiver ces fragiles présents de Flore... Mais l'orage qui grondoit éclata; le trône fut ébranlé, les fleurs négligées furent brisées et dispersées par la tempête... Toutefois le printemps est revenu; la campagne s'est parée d'un nouveau gazon, les bois d'un nouveau feuillage; l'haleine embaumée des zéphyrs tempère la chaleur du jour: continuez votre tranquille promenade, passez en paix près du jardin, vous y reverrez les fleurs et plus éclatantes et plus nombreuses.....

C'est cette allée, ce sont ces lieux qui rappellent de si grands souvenirs, que l'on retrouve sur la toile où l'habile pinceau de M. Robert a rendu la nature avec toute sa richesse et toute sa vérité.... Quel horizon immense dans un cadre si étroit!

La touche du peintre est délicate sans manquer de vigueur, sa couleur est solide sans manquer de transparence, et son travail est précieux sans manquer de fermeté. L'ordonnance toujours simple de ses compositions, où les effets de la perspective et de la lumière sont observés avec une rare précision, rappelle le goût de l'école hollandoise, et plus particulièrement le genre de Karl du Jardin.

M. Robert, employé à la manufacture royale de Sèvres, où chaque année il exécute

(1) Tableau peint sur toile. Salon de 1819.

UNE ROUTE INTÉRIEURE DU PARC DE SAINT-CLOUD.

sur la porcelaine les ouvrages les plus beaux et les plus justement admirés, consacre seulement quelques courts loisirs à la peinture à l'huile, et aussi au dessin lithographique, où il se montre non moins habile que dans les autres parties de l'art qu'il cultive si heureusement. C'est son crayon fidèle qui a reproduit l'œuvre de son léger pinceau.

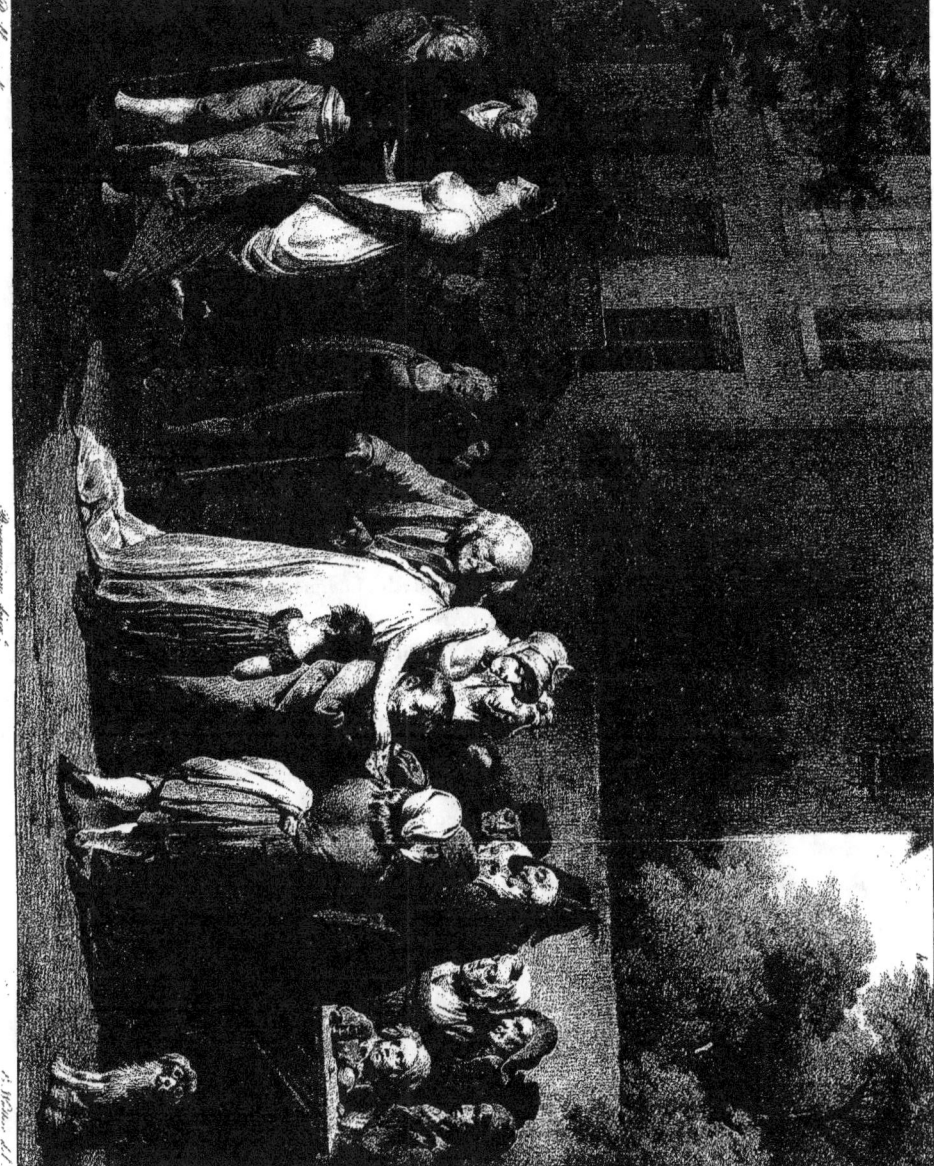

UNE SCÈNE DES BOULEVARDS,

PAR M. BOILLY.

Les augures et les pythonisses, les sorcières et les magiciens, les escamoteurs et les cartonomanciennes, forment dans l'histoire des peuples une classe à part, que l'on retrouve dans tous les lieux et à toutes les époques : là, on les voit honorés et craints comme interprètes des dieux ; ici, méprisés ou poursuivis comme agents de l'ange des ténèbres : mais les temps des crédules superstitions et des fureurs du fanatisme sont passés sans retour ; la lumière a dissipé les nuages de l'erreur, et les charlatans ne sont aujourd'hui ni si bien ni si mal traités qu'autrefois. Maintenant les plus adroits nécromanciens, les plus fameuses sybilles peuvent impunément faire des tours cent fois plus merveilleux que ceux de M. Comte, ou débiter des prophéties cent fois plus absurdes que celles de mademoiselle Lenormand ; les hommages d'un culte aveugle, ni les honneurs d'un auto-da-fé ne leur sont réservés ; ils exercent paisiblement leur innocente industrie, et personne n'y trouve à redire.

C'est un de ces oracles de carrefour que M. Boilly a mis en scène ; il est là, sur le boulevard du Temple, et non loin de la *Galiote*, et déjà de nombreux oisifs, accourus à sa voix, applaudissent à sa dextérité, ou écoutent avec étonnement les arrêts du destin que sa bouche proclame.

Une dame, qu'une jeune paysanne et des enfants accompagnent, choisit une carte parmi celles que lui présente l'escamoteur, et des gens du peuple observent avec l'intérêt de la curiosité ce qui se passe sous leurs yeux ; de petits marchands de gâteaux sont venus augmenter le nombre des spectateurs. Ce groupe pittoresque et bien disposé occupe la gauche du tableau. A droite, une courtisane attire après elle un

---

(1) Exposition de 1808. Tableau peint sur bois; largeur 1 pied, hauteur 9 pouces.
(2) Né à La Narrée, département du Nord.
(3) Restaurant fameux de ce côté de Paris.

UNE SCÈNE DES BOULEVARDS.

vieil élégant du Marais : le centre offre des gastronomes arrêtés devant l'étalage d'un pâtissier, et des galants de la barrière qui causent avec des beautés du second ordre. Ces scènes épisodiques se lient bien entre elles, et forment un tout plein d'action et de vie.

L'heureux mouvement des figures qui se détachent en vigueur sur les demi-teintes du fond, l'effet piquant des oppositions, la fraîcheur du coloris, l'art avec lequel le jour est répandu dans l'espace, et l'harmonie des tons, placent ce petit tableau parmi les meilleurs ouvrages de M. Boilly, l'un de nos peintres les plus féconds en ce genre.

Le crayon original et vrai de M. Watier, qui lui-même annonce, dès ses débuts, un talent remarquable pour retracer les scènes populaires, a reproduit avec une fidélité singulière, et presque avec la couleur locale, cet ouvrage charmant qui fait le pendant de celui que nous avons publié dans la seconde livraison[1].

(1) Dessiné aussi par M. Watier.

UNE SCÈNE DES BOULEVARDS.

vieil élégant du Marais : le centre offre des gastronomes arrêtés devant l'étalage d'un pâtissier, et des galants de la barrière qui causent avec des beautés du second ordre. Ces scènes épisodiques se lient bien entre elles, et forment un tout plein d'action et de vie.

L'heureux mouvement des figures qui se détachent en vigueur sur les demi-teintes du fond, l'effet piquant des oppositions, la fraîcheur du coloris, l'art avec lequel le jour est répandu dans l'espace, et l'harmonie des tons, placent ce petit tableau parmi les meilleurs ouvrages de M. Boilly, l'un de nos peintres les plus féconds en ce genre.

Le crayon original et vrai de M. Watier, qui lui-même annonce, dès ses débuts, un talent remarquable pour retracer les scènes populaires, a reproduit avec une fidélité singulière, et presque avec la couleur locale, cet ouvrage charmant qui fait le pendant de celui que nous avons publié dans la seconde livraison[1].

(1) Dessiné aussi par M. Watier.

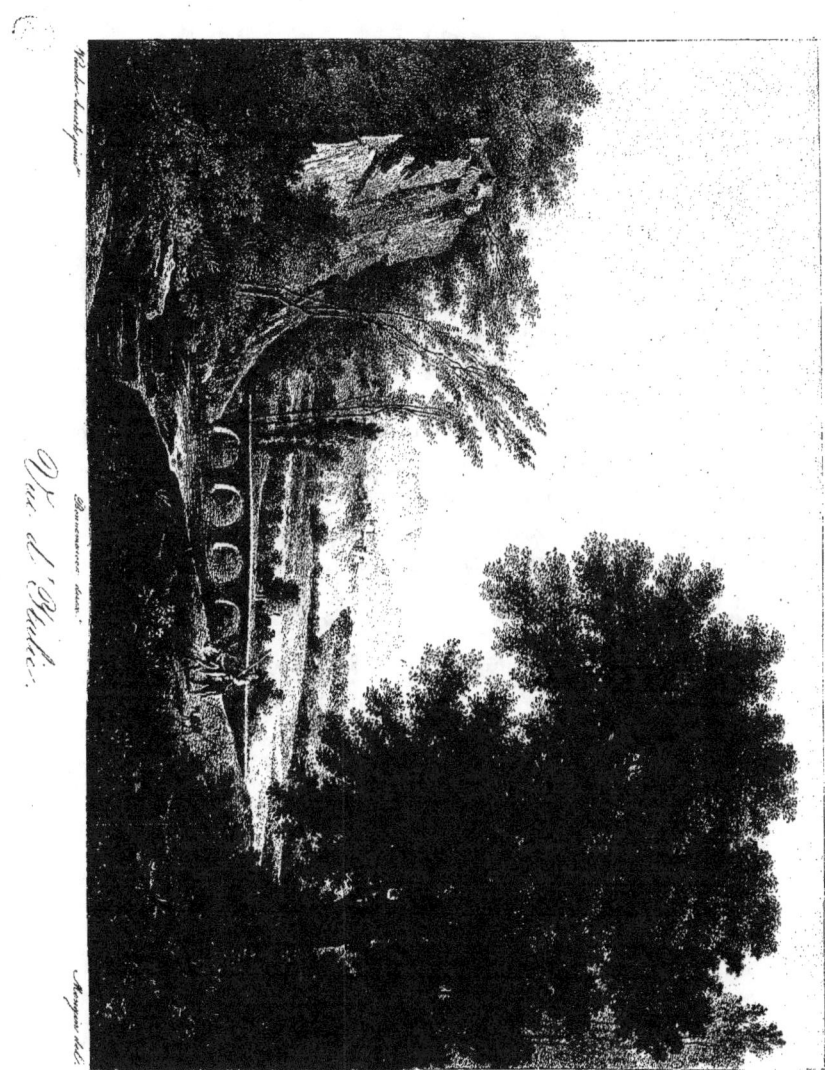

VUE D'ITALIE[1],

PAR M. VANDER-BURCH.

L'auteur de ce tableau, qui avoit visité les belles campagnes dont il s'est plu à reproduire les aspects dans plusieurs de ses compositions, s'étoit formé un riche portefeuille de précieux croquis dans lesquels il puisa sans doute le motif de sa *Vue d'Italie*. Ce paysage agreste est peint avec facilité, chaud de ton et vrai d'effet.

D'heureuses dispositions révélèrent de bonne heure le goût de Vander-Burch pour la peinture. Quand de Montpellier, où il étoit né, il vint, fort jeune encore, à Paris, il dut à ses précoces talents la protection de M. de Joubert, trésorier-général des états du Languedoc, et l'un des hommes de France qui, à cette époque, honora le plus par ses généreux bienfaits, par ses encouragements flatteurs, les arts et ceux qui les cultivoient. Envoyé par lui en Italie pour y faire de plus sérieuses études, et s'y familiariser avec les chefs-d'œuvre des maîtres de l'ancienne école, Vander-Burch fit des progrès rapides, et à son retour en France, des ouvrages d'un mérite reconnu l'élevèrent à un rang distingué parmi les peintres de paysage. Bientôt il obtint un prix d'encouragement, et il exécuta pour le gouvernement un tableau que pendant plusieurs années posséda le musée du Luxembourg[2].

En général les compositions de cet artiste, sages dans leur ordonnance, sont d'un style noble et simple à-la-fois, d'une couleur vigoureuse, et les effets de l'ombre et de la lumière y sont ménagés adroitement.

Vander-Burch mourut à Paris en 1803; plusieurs de ses tableaux, exposés en 1805, ajoutèrent aux regrets que sa perte avoit laissés aux justes appréciateurs de son talent.

---

(1) Tableau peint sur toile; hauteur 10 pouces, largeur 15 pouces.
(2) Il représentoit un habitant des Pyrénées terrassant un ours.

et de son mérite personnel. Sa veuve¹ possède une collection intéressante d'études d'après nature et de dessins composés, faits par lui.

M. Mongin, paysagiste fort distingué lui-même, et à qui l'on doit *le Duel*, *la Fin d'une tourmente*, *la Bénédiction des troupeaux partant pour les Alpes*, et beaucoup d'autres compositions retraçant des sites historiques ou rappelant de glorieux souvenirs², a traduit la *Vue d'Italie* de Vander-Burch avec cette suavité de crayon qui imprime à ses dessins un cachet particulier de finesse et d'harmonie.

(1) Fille de M. Bitche, musicien, doyen d'âge de la société académique des Enfants d'Apollon.
(2) Plusieurs de ces tableaux achetés par le ministère de l'intérieur ont été envoyés dans les musées des départements.

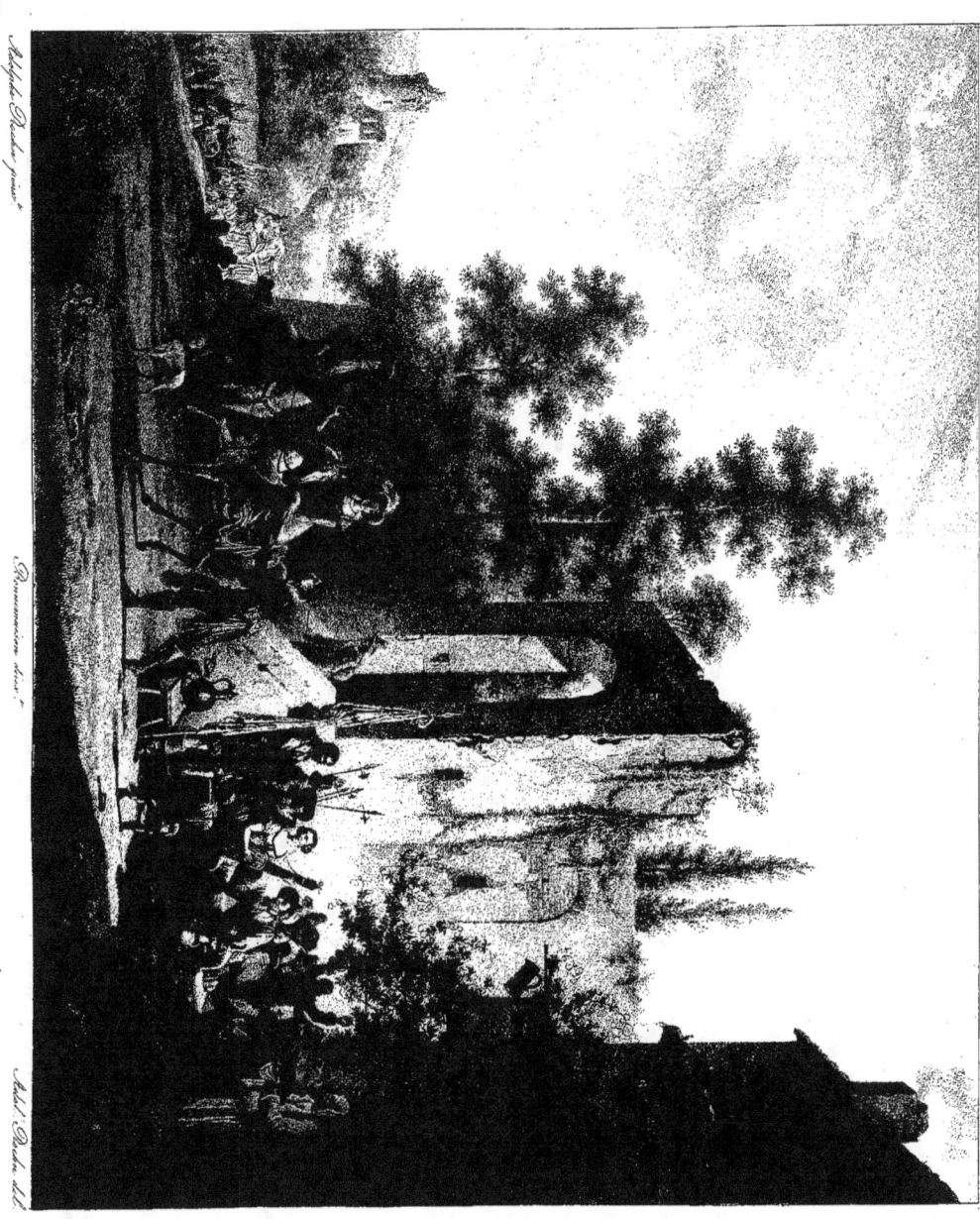

RÉCRÉATION MILITAIRE DEVANT UNE AUBERGE[1],

PAR M. ADOLPHE ROEHN[2].

Doué d'une imagination féconde, d'un esprit observateur, M. Roehn s'est livré de bonne heure à l'étude de la peinture; il n'a eu d'autre maître que la nature; elle seule l'a conseillé, l'a dirigé; c'est à son école qu'il a formé son talent et son goût. Il s'est d'abord occupé du genre historique; mais bien qu'il y ait obtenu quelques succès, il y a renoncé pour ne s'attacher qu'à des compositions d'un ordre moins élevé. Le paysage, la marine, les sujets d'intérieur, ont tour-à-tour exercé ses pinceaux; et, dans ces genres divers, il a déployé un talent aussi varié que facile : c'est sur-tout dans les scènes familières qu'il développe les trésors de sa touche gracieuse et spirituelle. Le tableau dont nous offrons aujourd'hui la copie, dessinée par M. Roehn lui-même, vient tout naturellement à l'appui de notre opinion.

Ce sont quelques soldats de Louis XIII qui s'arrêtent près d'une auberge villageoise, tandis que le corps de l'armée et les bagages poursuivent leur marche dans un chemin creux que l'on découvre à droite et dans l'éloignement. Ils sont déjà placés autour d'une table sur laquelle est assise une jeune et jolie fille; elle chante, et les guerriers attentifs l'écoutent avec ravissement. Ce groupe, plein de mouvement et d'expression, occupe la gauche du tableau. Un peu plus en avant, et tout-à-fait dans l'ombre, se montre l'aubergiste à mine réjouie, qui s'empresse de servir ses joyeux convives. L'un de ces derniers s'est approché d'une dame qui monte un fringant destrier; près d'elle est un cavalier qu'à son air grave on peut supposer être ou un des chefs de ces mêmes soldats, ou un personnage d'un haut rang; le jeune militaire les invite à prendre part à leur champêtre repas. Dans le fonds, sur la croupe d'une colline, qu'entourent des bouquets d'arbres, s'élèvent les ruines d'une forteresse. Tel est à peu près l'ensemble

---

(1) Tableau peint sur toile; hauteur 1 pied 8 pouces, largeur 1 pied 10 pouces. Salon de 1819.
(2) Né à Paris.

RÉCRÉATION MILITAIRE DEVANT UNE AUBERGE.

de la *Récréation militaire*. Les figures en sont généralement bien disposées; les costumes très pittoresques sont traités avec infiniment de goût; les fonds d'une touche fine et hardie s'harmonisent bien avec le ciel; il y a de la chaleur dans le coloris et de l'esprit dans les détails : il ne manque peut-être aux arbres du second plan que d'être touchés avec un peu plus de légèreté.

Ce n'est pas au reste le seul tableau de M. Roehn dont nous aurons à examiner et les effets bien ménagés et l'ordonnance bien entendue; il en est un autre qui, connu sous le titre de *la Caverne*, valut à l'auteur, durant l'exposition de 1819, de glorieux suffrages. Celui-là nous fournira plus tard l'occasion de signaler particulièrement les qualités par lesquelles les productions de M. Roehn se font remarquer. D'ailleurs, un grand nombre de ses ouvrages ornent les galeries de nos princes[1] et les cabinets des amateurs. Chaque année des succès nouveaux, de nouveaux témoignages de l'approbation des connoisseurs, récompensent honorablement cet artiste de ses travaux soutenus et de son ardeur infatigable[2].

[1] Le musée du Luxembourg possède de ce peintre, *l'Hôpital de Mariembourg*; le château de Trianon, *les Funérailles d'Emma*, *Charlemagne allant au concile*; celui de Rambouillet, *l'Entrée de saint Louis à Paris*, etc., etc.
[2] Un de ses fils, son digne émule, a débuté au salon de 1822, où il a exposé son tableau de *Joseph expliquant les songes dans la prison*. La Maison du Roi a fait l'acquisition de cet ouvrage pour la galerie de Versailles.

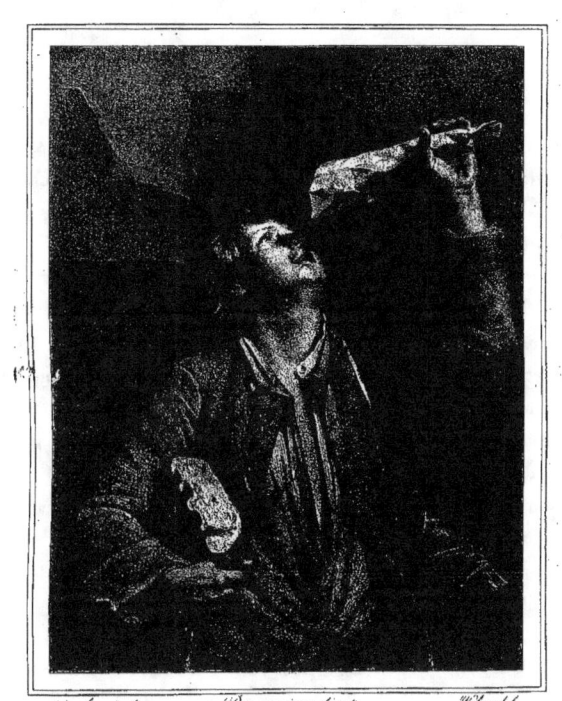

Le Petit Gourmand.

LE PETIT GOURMAND[1],

PAR M. DANLOUX.

Gracieuse image échappée aux pinceaux d'un homme habile, cette petite figure, simple et naturelle dans sa pose, spirituelle et vraie d'expression, est d'un coloris brillant, et d'une touche franche et vigoureuse; elle a en un mot toute la finesse et toutes les graces du genre.

En descendant de compositions d'un ordre plus grave et plus élevé, à ces ingénieuses bagatelles où les Flamands nous ont laissé des modèles d'un travail si précieux, Danloux, loin de chercher à imiter ces derniers, voulut être original et neuf: il y réussit en restant toujours lui-même, car on retrouve dans ses petits cadres cette manière heurtée, cette touche hardie de l'artiste habitué à traiter largement de grands sujets, et cependant ce faire n'ôte rien au charme de ses tableaux.

Né à Paris en 1745, Pierre Danloux, après avoir visité l'Italie, revint dans sa patrie où il acquit quelque célébrité dans le genre historique. Plus tard il passa en Angleterre où de nouveaux ouvrages, parmi lesquels on remarqua de très beaux portraits, et particulièrement celui de Jacques Delille dont il étoit l'ami, augmentèrent sa réputation. Le poëte, inspiré par l'amitié, a fait passer dans ses vers le nom du peintre à la postérité; il a dit:

> Nous pleurons quand DANLOUX, dans la fosse fatale,
> Plonge, vivante encore, sa charmante Vestale[2].

Ce tableau représentant *le Supplice d'une Vestale*[3], et quelques autres que le même artiste avoit faits en Angleterre, et qu'il ne put, à son retour en France, exposer à cause des circonstances, ont placé Danloux dans un rang honorable parmi les peintres de l'école françoise. Il termina ses jours à Paris le 3 janvier 1809.

(1) Tableau peint sur bois; hauteur 6 pouces, largeur 4 pouces et demi.
(2) Dans *la Pitié*, chant Ier.
(3) Du salon de 1802.

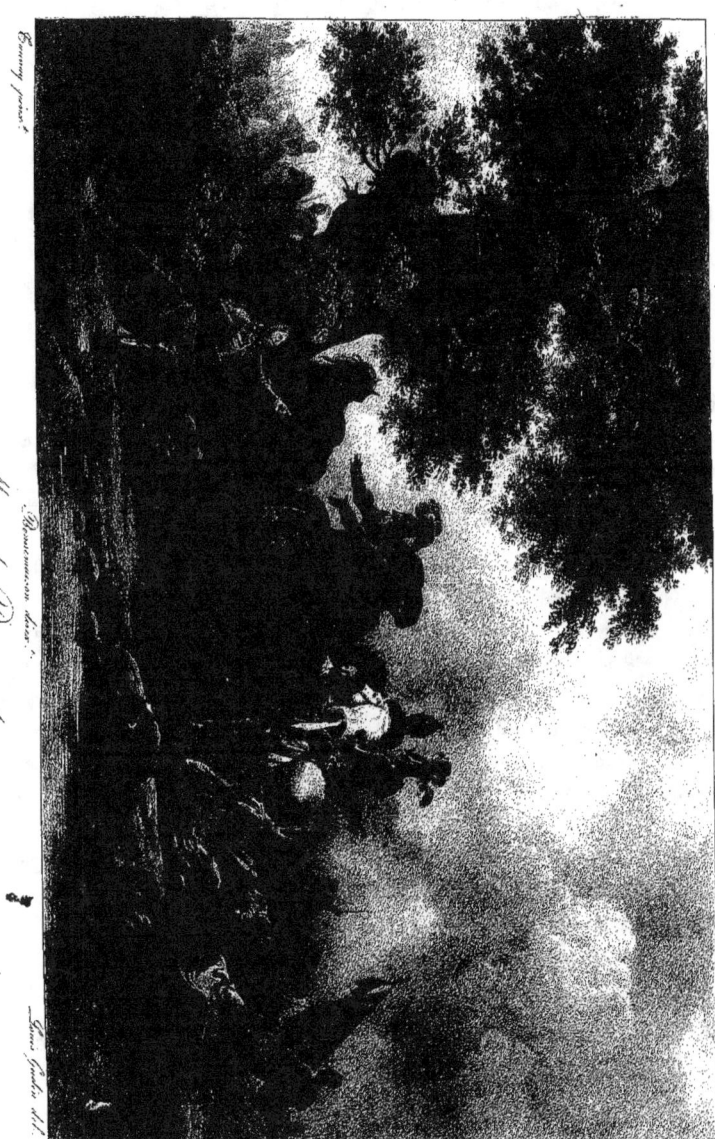

MORT DE BAYARD[1],

PAR M. TAUNAY.

« Il fut tiré un coup d'arquebuse à croc, dont la pierre vint frapper Bayard au côté
« droit, et lui rompit l'épine du dos. Quand il sentit le coup, son premier cri fut :
« *Jésus! ah! mon dieu, je suis mort...* Ensuite il baisa son épée en guise de croix : il eut
« encore la force d'ordonner que l'on allât à la charge : puis il se fit descendre au
« pied d'un arbre; *en sorte*, disoit-il, *que j'aie la face regardant l'ennemi.* »

C'est dans ce récit simple et naïf de Guyard de Berville que M. Taunay a puisé le sujet de son tableau.

Le héros, dont la mort devoit laisser la France exposée aux outrages d'un vainqueur superbe, est déja adossé à l'arbre au pied duquel il rendit le dernier soupir; les rameaux du chêne antique protègent son front glorieux, que couvrent déja les voiles du trépas; mais près de lui un guerrier s'est arrêté... C'est un prince, un François infidèle à son pays, à son roi! il déplore le sort du brave chevalier : *Capitaine Bayard*, lui dit-il, *que je suis marri et déplaisant de vous voir en cet état, je vous ai toujours aimé et honoré pour la grande prouesse et sagesse qui est en vous. Ah! que j'ai grande pitié de vous!...* A ces mots Bayard expirant l'interrompt, et rassemblant ses forces épuisées, lui répond d'une voix assurée : *Monseigneur, je vous remercie, il n'y a point de pitié en moi qui meurs en homme de bien, servant mon roi : il faut avoir pitié de vous qui portez les armes contre votre prince, votre patrie, et votre serment*[2].

Cette scène du plus haut intérêt est traitée avec cette élévation de style, cette habileté de pinceau que réclame le genre du paysage historique dans lequel M. Taunay a acquis depuis long-temps une juste célébrité.

Par un de ces artifices admirables qui révèlent dans le peintre une imagination

---

(1) Tableau peint sur bois; hauteur 6 pouces et demi, largeur 11 pouces.
(2) Guyard de Berville; liv. VI, pag. 437.

MORT DE BAYARD.

riche et poétique, l'artiste a placé ses deux principales figures dans le clair-obscur. Cet emploi de la demi-teinte, qui d'ailleurs ne nuit en rien à la transparence de la couleur, à la pureté des contours et des formes, a je ne sais quoi de vague, de mystérieux qui convient à la solennité du sujet, et lui prête un caractère plus auguste et plus religieux. Les fonds, chargés d'une fumée épaisse au milieu de laquelle on aperçoit à peine les combattants qui se pressent, qui s'attaquent avec fureur, sont également d'une touche ferme et savante.

Tout est bien conçu, bien exécuté dans cet ouvrage dont il est impossible de ne pas agrandir malgré soi la dimension, tant le peintre a su, dans des bornes étroites, donner un beau développement à son talent supérieur.

NOTICE
SUR M. LOUIS GUDIN.

L'amitié nous impose le douloureux devoir de consacrer ces lignes à la mémoire du jeune infortuné à qui nous avions confié l'exécution de la copie dessinée du tableau de M. Taunay. Une mort affreuse vient de le ravir à sa mère, à son frère, à ses amis, et aux arts.

Dans la matinée du 4 mars dernier[1], Louis Gudin, cédant aux instances réitérées de l'un de ses camarades, malgré une sorte de répugnance qui l'éloignoit des promenades sur l'eau, entra avec son frère et leur ami commun dans un frêle bateau qu'ils se chargèrent imprudemment de diriger eux-mêmes. La Seine, ce jour-là, étoit fort agitée, et le vent souffloit avec violence. La rame leur paroissant inutile, ils déployèrent, dans leur funeste inexpérience, la voile de leur petite barque. Aussitôt le vent s'y précipita avec impétuosité et les poussa sous une des arches du pont Louis XVI, où leur nacelle fut au même instant brisée et engloutie. Les eaux les séparèrent soudain, et les entraînèrent rapidement dans leur cours. Deux fois Théodore Gudin saisit son frère Louis, deux fois celui-ci lui échappa, et la dernière, hélas! ce fut pour toujours!.. Épuisé par de longs et d'inutiles efforts, Théodore fut seul, et presque mourant, retiré de l'eau. Louis et le jeune imprudent qui, par une destinée fatale, l'avoit conduit à sa perte, ne reparurent plus!....

Louis Gudin naquit à Paris le 23 septembre 1799; sa naissance mit en péril les jours de sa mère dont un chagrin profond et cuisant avoit depuis long-temps altéré la santé. Il vint au monde foible et languissant, et par cela même, il n'en fut que plus cher à celle qui devoit sitôt pleurer sa mort; elle le nourrit de son lait, lui prodigua des soins qui ne se ralentirent jamais, et lui donna, en quelque sorte, deux fois la vie.

Il annonça dès son jeune âge d'heureuses dispositions pour le dessin; sa mère,

(1) 1823.

NOTICE SUR M. LOUIS GUDIN.

malgré le mauvais état de sa fortune, s'empressa d'assurer ses progrès en le confiant à d'habiles maîtres, et en n'épargnant rien pour son éducation : son frère, moins âgé que lui de quelques années, montra aussi plus tard un goût décidé pour la peinture. Émules, sans être rivaux, ils se livroient avec passion à l'étude de leur art. Leurs premiers ouvrages parurent avec quelque distinction au salon de 1822[1]. On y trouva les germes d'un talent précoce et vrai, et tout leur promettoit de nouveaux succès.

Élève de MM. Girodet et Horace Vernet, Louis sembloit devoir traiter, non sans gloire, le genre auquel le dernier de ces maîtres a su donner par la fécondité de son génie, et la richesse de son pinceau, un style si noble et si élevé.

D'un commerce sûr et facile, Louis Gudin ne comptoit que des amis parmi ses camarades, et les personnes dont il étoit connu n'estimoient pas moins la franchise de son caractère et ses sentiments généreux qu'elles n'apprécioient son jeune talent. Sa mère, fière des suffrages qu'il obtenoit, s'applaudissoit d'avoir, par le fruit de son travail et de son économie, ouvert une carrière honorable à ses deux fils; ils aspiroient tous les deux avec une égale ardeur à s'acquitter de la dette de l'amour filial : mais un seul reste chargé du soin d'acquitter cette dette sacrée! Louis n'est plus, et sa mère et ses amis le pleurent ensemble!

[1] Louis exposa un tableau représentant *M. Dubois à Alexandrie;* Théodore, plusieurs marines à l'aquarelle.

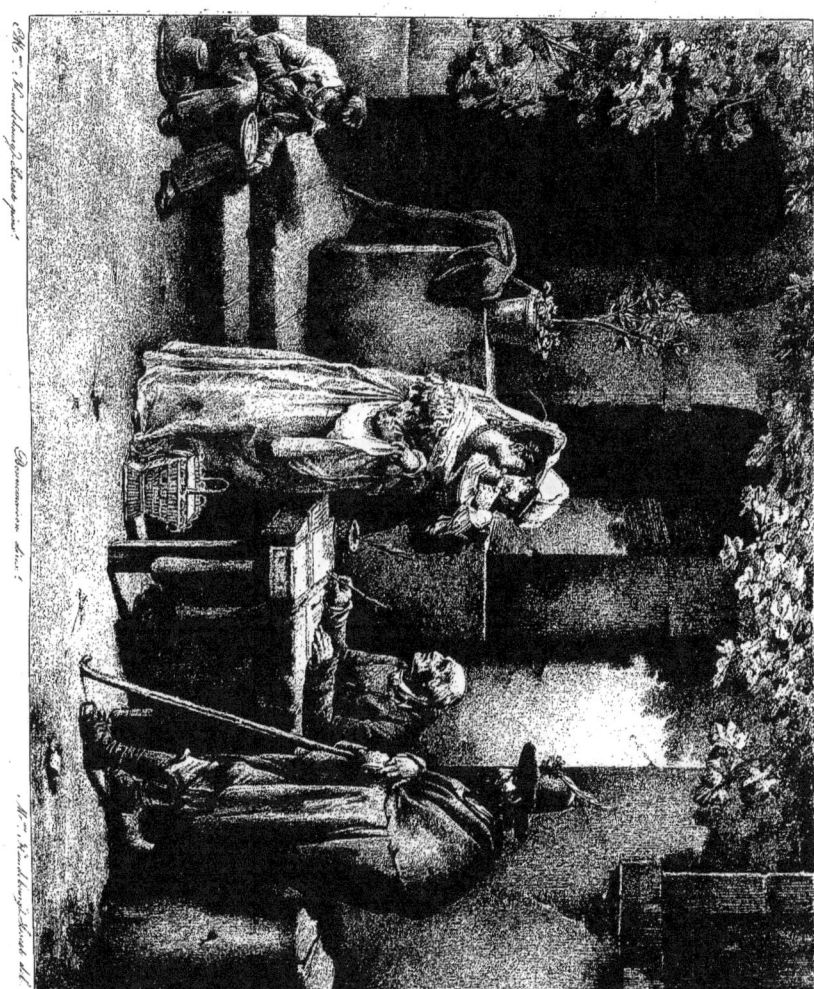

L'ÉCRIVAIN PUBLIC[1],

PAR MADAME HAUDEBOURT-LESCOT[2].

Une intention fine, toujours délicatement exprimée, un sentiment exquis des convenances, voilà ce qui imprime aux ouvrages de madame Haudebourt-Lescot un caractère particulier qui les fait distinguer plus encore que le choix des sujets qu'elle aime à traiter, et la physionomie des personnages qu'elle met en scène.

Ces qualités si précieuses, et qui ajoutent tant de charme à la science du peintre et du coloriste, se font aisément remarquer dans *l'Écrivain public*. Quel touchant embarras, quelle naïveté dans l'air, le maintien de cette jolie Frascatane, qui, craignant que son amant absent ne l'oublie, vient, le cœur plein d'inquiétude, lui faire écrire, par une main étrangère, une lettre dont elle voudroit bien pourtant cacher tous les secrets! Sa bouche n'articule qu'avec hésitation les mots que sa tendresse lui inspire. Elle tremble, elle balbutie, et près d'elle, son amie, plus vive, plus familiarisée peut-être avec les mystères et les tourments de l'amour, rit de son trouble et de ses craintes. Avec le flegme d'un homme qui a parcouru tous les échelons de la vie, tantôt heureux, tantôt poursuivi par le sort, et qui, après mille chances diverses, s'est résigné à l'obscurité de sa misérable condition, l'écrivain arrête sur la jeune Napolitaine un regard scrutateur; il a préparé le papier orné d'attributs symboliques, il tient la plume, il attend les paroles qui sortent lentement des lèvres de la fille timide. Que de vérité et que d'esprit dans toute cette figure!.. Celle du paysan oisif qui, appuyé sur une borne, attend que le secrétaire public puisse lui prêter son ministère; celle aussi de l'enfant qui, dans le fond du tableau, est indifférent à ce qui se passe sous ses yeux, et ne s'occupe qu'à dévorer un plat de macaronis qu'il tient entre ses jambes, sont d'autant plus

---

[1] Tableau peint sur toile; hauteur 18 pouces, largeur 23 pouces. Salon de 1817.
[2] Née à Paris; élève de M. Lethière.

L'ÉCRIVAIN PUBLIC.

remarquables, qu'elles forment avec les autres la plus heureuse et la plus piquante opposition.

Faire large et vigoureux, richesse de couleur, tons chauds et brillants, tout concourt à faire de ce cadre, un ouvrage qui soutient avantageusement la comparaison avec les meilleures compositions du même auteur[1].

---

[1] Chaque année voit éclore des pinceaux féconds de madame Lescot une foule de charmants tableaux, dont les amateurs éclairés se disputent la possession avec empressement. Parmi ceux qui ont ajouté le plus à sa réputation, on peut citer : *Le Baisement des pieds dans la basilique de Saint-Pierre, à Rome* (1812), la *Confirmation dans la basilique de Sainte-Agnès* (1814), le *Vœu à une madone pendant un orage* (1817), qui tous trois ornent maintenant le musée du Luxembourg. *Le Premier pas de l'enfance, le Naufrage de Virginie, des Religieuses en prière, la Marchande de tisane, le Vieillard et ses enfants*, exposés au salon de 1819, et qui, commandés par le ministère de l'intérieur, ont été envoyés par lui aux musées des départements, ne font pas moins d'honneur au talent de madame Haudebourt ; on en peut dire autant de presque tous les ouvrages que l'on a vus d'elle à l'exposition de 1822. *Le Compte avec l'hôte, la marchande de toile, le Marchand de reliques*, la Mère malade***, ont sur-tout été l'objet des éloges les plus unanimes.

* Appartient à madame la duchesse de Raguse.
** Appartient à M. du Sommerard.

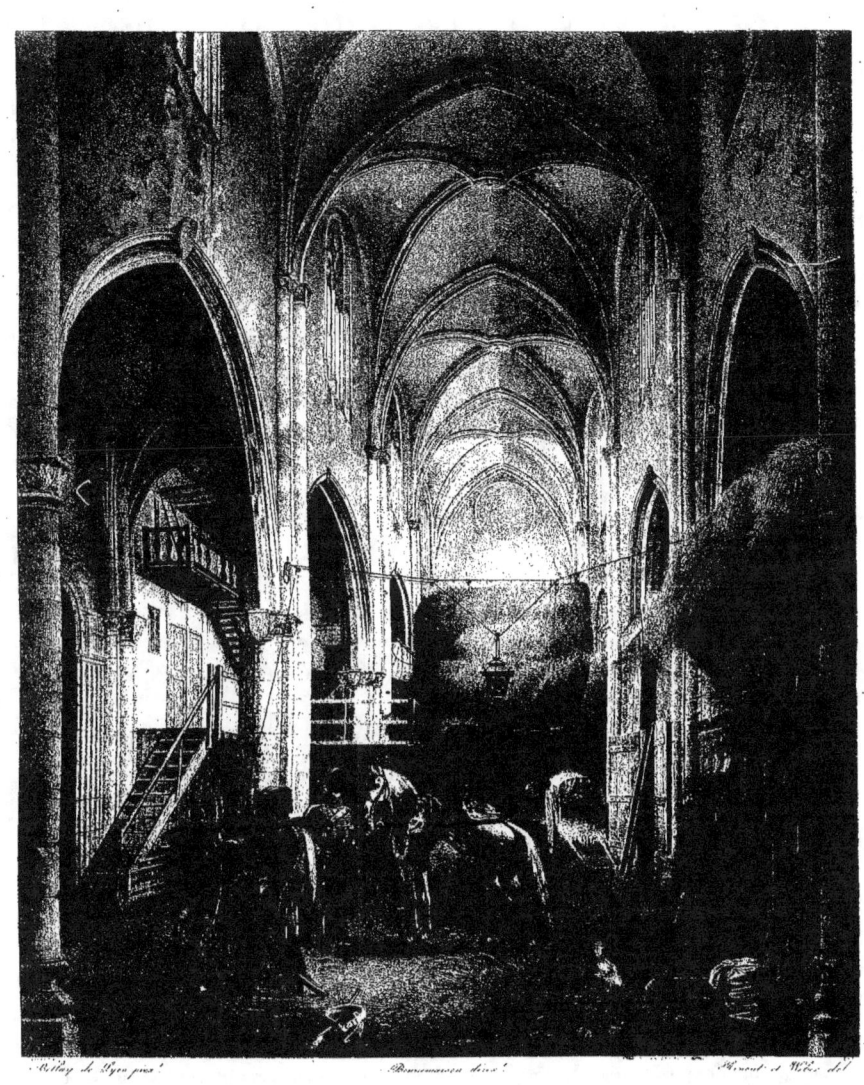

Intérieur de l'Église des Dominicains à Lyon.
Couvent de Confort.

INTÉRIEUR DE L'ÉGLISE DES DOMINICAINS A LYON,
SERVANT DE REMISE[1],
PAR M. BELLAY.

Une perspective exacte, la vérité du ton local, le jeu varié de la lumière, des accessoires exécutés avec soin, enfin l'imitation fidèle des accidents que la nature et le temps produisent sur les anciens édifices, voilà ce que l'on exige dans un tableau d'intérieur ; et c'est par toutes ces qualités essentielles que se fait remarquer celui dont nous offrons ici la copie. Par-tout, et dans les moindres détails, on reconnoît la main de l'artiste habile, et le tact de l'homme de goût. M. Bellay n'a rien inventé, sans doute; mais n'est-ce pas à son talent particulier, à la connoissance profonde de l'art dont il possède, à un degré si éminent de perfection, toutes les savantes ressources, que l'on doit cette magie du clair-obscur, ce prestige de l'optique, qui donnent à toutes les parties de ce cadre un effet si bien entendu, une couleur si vraie et si originale?

L'architecture de cette vieille basilique, dont quelques voûtes ont caché leurs formes sveltes sous des murs épais, grossièrement construits, est traitée avec cette élégante correction que l'on admire dans les beaux ouvrages de Peeter Neefs et de Henry Van Steenwick. Comme ces maîtres, M. Bellay a su tirer le parti le plus heureux des reflets de la lumière et des oppositions de l'ombre. Sa couleur a de l'éclat et de l'harmonie, son travail est soigné, et à plus d'un titre il peut aspirer à rivaliser avec l'école flamande, dont il paroît avoir étudié les chefs-d'œuvre.

Ce tableau d'ailleurs offre un genre de mérite que l'on rencontre rarement dans les tableaux d'intérieur : les figures, d'une assez grande dimension, posées avec esprit, sont dessinées avec pureté et peintes largement.

Ce cadre, qui parut au salon de 1817, plaça le nom de son auteur, qui jusqu'alors avoit été peu connu, parmi ceux des artistes les plus recommandables de l'école que l'on appelle si improprement l'école de Lyon. *Une Vue* de cette ville, *un Marché aux chevaux*, exposés en 1819, *des Intérieurs* exposés en 1822, sont venus augmenter la réputation que M. Bellay s'étoit acquise dès son début.

(1) Tableau peint sur toile; hauteur 2 pieds 5 pouces, largeur 2 pieds 1 pouce.

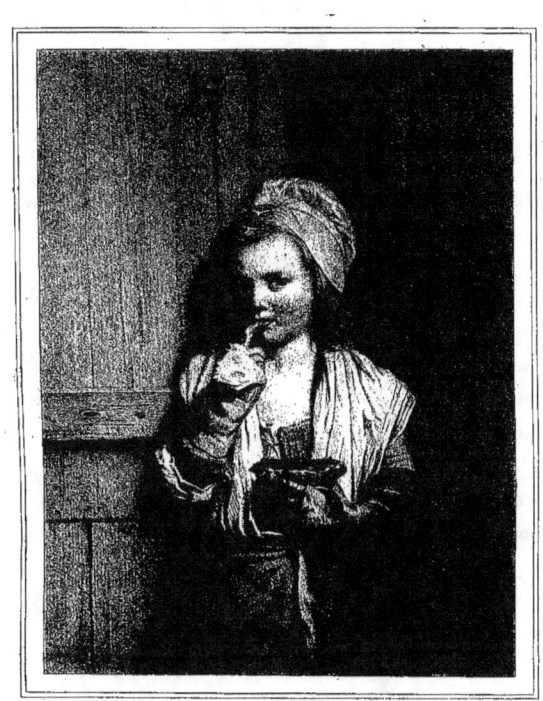

La Petite Boudeuse.

LA PETITE BOUDEUSE[1],

PAR M. DANLOUX.

Voici le pendant du tableau que nous avons donné dans notre cinquième livraison. Cette figure n'est ni moins bien dessinée ni moins spirituellement touchée que celle du *Petit Gourmand*: à vrai dire, cela n'est absolument que poché, mais charmant, mais expressif, et plein de vie. C'est l'ouvrage d'un pinceau facile, exercé, qui joue avec la couleur, et l'emploie de la manière la plus gracieuse. On seroit fâché que l'auteur eût mis plus de prétention à terminer sa composition : il l'auroit gâtée, refroidie ; et dans cette circonstance le travail eût fait tort à l'esprit. Au reste, nous l'avons déja dit, ce faire large et heurté du peintre, en révélant ce que son talent étoit capable de produire dans un cadre plus étendu, ne nuit ni à la finesse des détails, ni à la légèreté, et à la transparence des tons. Les ombres et les demi-teintes se marient sans effort, et l'ensemble de son tableau est aussi lumineux qu'agréable d'effet.

(1) Tableau peint sur bois; hauteur 6 pouces, largeur 4 pouces et demi.

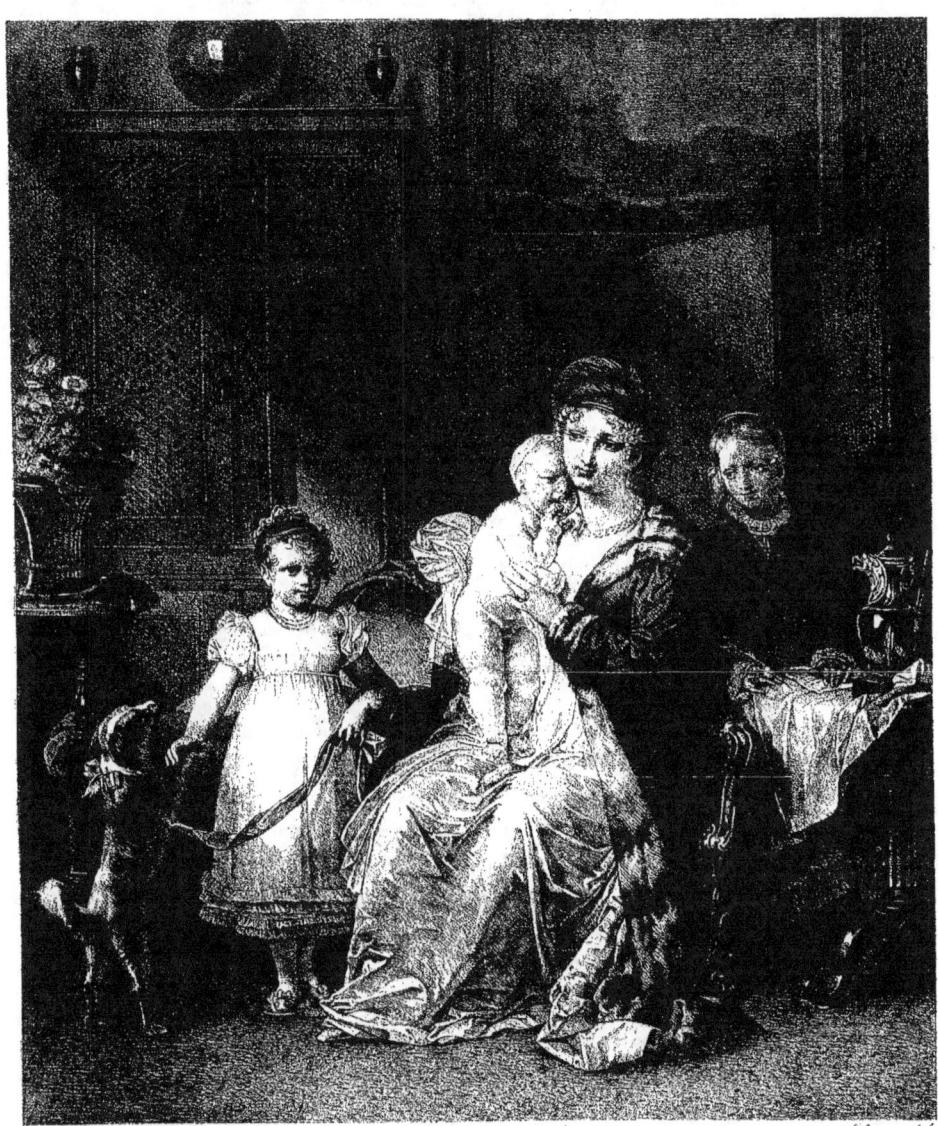

Une mère de famille.

UNE MÈRE DE FAMILLE

ENTOURÉE DE SES ENFANTS[1],

PAR MADEMOISELLE GÉRARD.

Les cadres de mademoiselle Gérard parlent en général plus au cœur qu'à l'imagination. Presque toujours des sentiments d'innocence, d'amour maternel, de respect religieux, y sont exprimés de la manière la plus simple et la plus touchante. Élève de feu M. Fragonard père, l'artiste a conservé dans son travail, dans sa couleur, dans l'ordonnance de ses compositions, le cachet de l'école d'où elle sort. Sa touche est plus moelleuse que ferme; les tons qu'elle emploie plus suaves que brillants; et toutefois ses tableaux sont justement remarqués, parceque les figures en sont bien pensées, les costumes dessinés avec goût, et que l'effet en est aussi pittoresque que bien entendu.

Tel est le jugement que l'on peut se permettre de porter des ouvrages de mademoiselle Gérard, et sa *Mère de famille* semble, plus qu'aucun autre, venir à l'appui de cette opinion.

C'est une femme jeune et belle, qui, peu occupée du soin de ménager les soyeux vêtements dont elle est parée, ne s'inquiète que des pleurs de l'enfant qu'elle presse dans ses bras et qu'elle cherche à consoler, en lui prodiguant les plus vives caresses. Derrière son fauteuil, une fille de quinze ans fixe sur de la mousseline un dessin de broderie; mais elle suspend son travail pour contempler avec amour la mère chérie dont elle aura un jour les aimables vertus; de l'autre côté, et sur le premier plan, une plus jeune enfant joue avec un chien. Ses regards semblent chercher ceux de sa mère dont elle attend un sourire.

Ce groupe est bien disposé : les effets du clair-obscur y sont ménagés avec art et

[1] Tableau peint sur toile; hauteur 1 pied 10 pouces, largeur 1 pied 6 pouces. Salon de 1814.

UNE MÈRE DE FAMILLE.

habileté ; les étoffes sont traitées largement et avec finesse, les figures purement dessinées, et les poses aussi naïves que gracieuses. Il ne manque à ce charmant tableau, pour ne rien laisser à desirer, qu'un peu plus de fraîcheur dans le coloris des chairs ; des tons plus brillants et plus chauds ajouteraient beaucoup à l'effet général, sans nuire à ce qu'il a d'harmonieux et d'aimable.

Demarne pinxt *C. fuhr del.*

Retour de la Pêche.

LE RETOUR DE LA PÊCHE[1],

PAR M. DEMARNE[2].

D'innombrables productions, dont plusieurs portent l'empreinte d'un talent supérieur, ont placé M. Demarne au rang le plus honorable parmi les peintres de genre de notre époque. Il dut à son précoce talent de se voir appelé fort jeune parmi les membres de l'académie royale de peinture[3]. Cette distinction flatteuse ne ralentit point, contre la coutume assez ordinaire, son ardeur pour le travail; loin de là: il redoubla d'efforts, il fit des études plus approfondies, et des triomphes nouveaux furent le prix de ses veilles.

Cependant, parmi tant de tableaux offrant des images si diverses, des sites si variés, il est possible d'en trouver quelques uns où la touche de l'artiste est moins légère, où le coloris est moins harmonieux, où la vérité est vue de plus loin peut-être; mais ce n'est point dans celui dont nous offrons aujourd'hui la copie que l'on peut signaler des défauts de ce genre. Tout y est fait de verve, tout y est fait devant la nature, rien ne s'en écarte ni ne la gâte par la prétention de vouloir l'embellir. Choix heureux des figures, spirituelle distribution des groupes, dont les personnages ont du mouvement et de l'expression, eaux transparentes, ciel diaphane bien que nuageux, touche ferme et légère, couleur solide et brillante, voilà les qualités qui font de cet ouvrage l'un des meilleurs de M. Demarne, à qui l'on en doit tant de si beaux et de si recherchés.

(1) Tableau peint sur bois; hauteur 1 pied, largeur 1 pied 8 pouces.
(2) Né à Bruxelles en 1782; élève de Monbriliard.
(3) Il a été reçu en 1818 à l'académie d'Anvers.

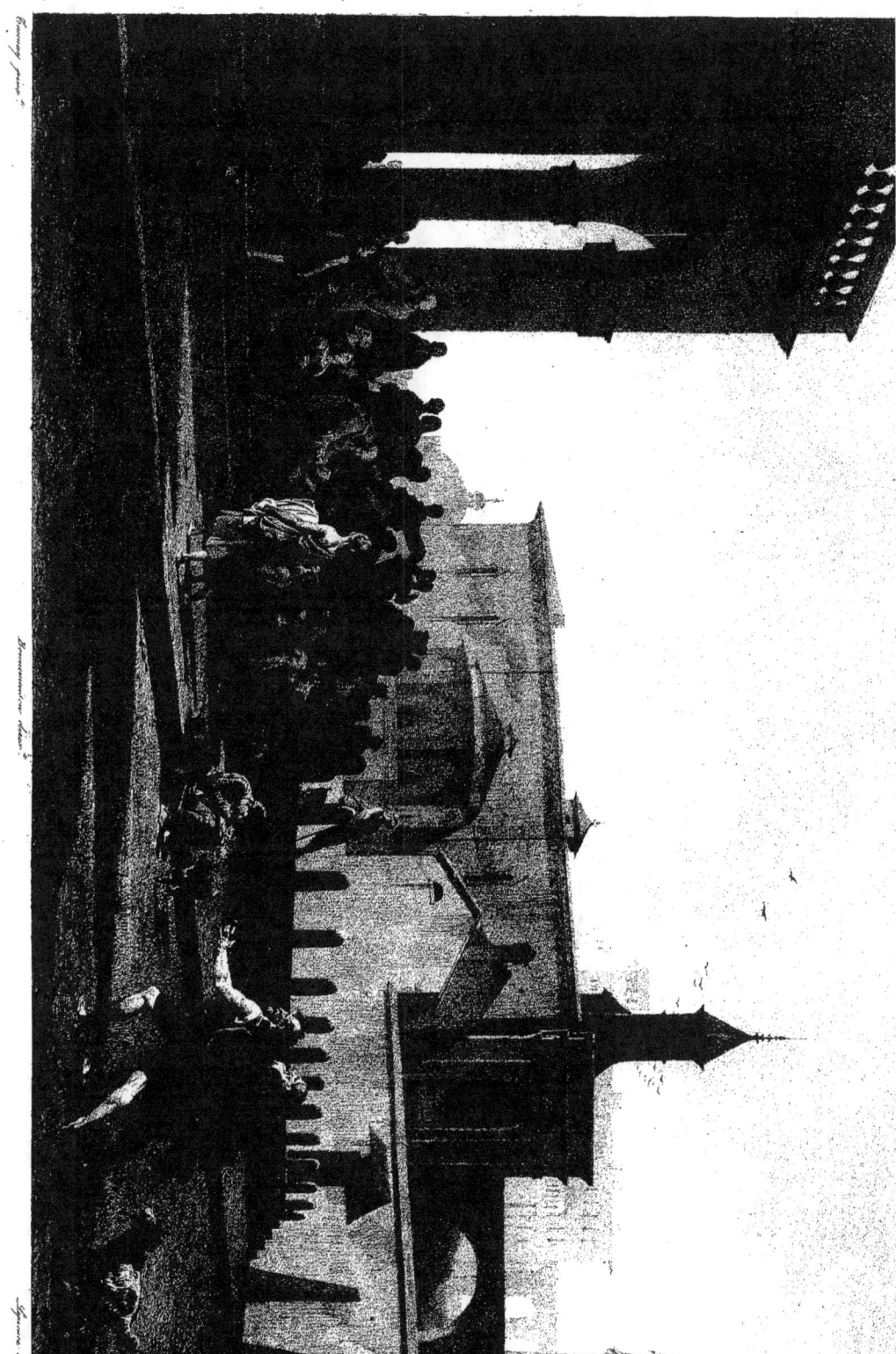

Distribution d'aumône par les Chartreux.

UNE DISTRIBUTION D'AUMONES[1],

PAR M. TAUNAY[2].

On a bien des fois, et depuis long-temps, comparé le poëte au peintre, le peintre au poëte, et jamais on n'a fait un plus juste rapprochement. Le poëte a sa palette, ses pinceaux, ses couleurs comme le peintre; il est sec, il est dur, il est suave, il est harmonieux comme lui; il a sa touche ferme ou lâche, large ou mesquine; il a ses contours purs, corrects, empâtés ou incertains; il a ses demi-teintes, sa perspective, ses plans, ses lignes, ses tons chauds ou froids, ses effets piquants d'ombre et d'opposition; en un mot, sa poésie doit être de la peinture écrite ou parlée, car ce n'est pas l'emploi de tel ou tel mot, de tel ou tel rithme, ce n'est pas la consonnance de telles finales qui font la poésie; c'est la couleur, c'est le ton appropriés au sujet. Le poëte veut-il retracer les jeux des bergers, leurs fêtes bruyantes? si son style est grave et solennel, si ses tours sont pompeux et mesurés, il est à côté, il ne peint plus, il barbouille; s'il veut faire parler un père, un héros expirant, que les brèves, que les mots cadencés, que les tours vifs et animés se pressent sous sa plume.... « Déchirez votre ébauche, « faudra-t-il lui dire, brisez votre palette, vous n'y savez pas choisir les nuances.... » Eh bien! il en est ainsi du peintre: il a ses pensées, ses expressions comme le poëte; il a ses tours hardis et faciles, timides ou guindés; il a du nerf ou de l'enflure, il est vague ou positif; son style est sublime ou plat, son langage est harmonieux ou redondant, ses périodes sont nombreuses et bien assorties entre elles ou flasques et disparates : enfin, il est poëte ou seulement ouvrier; s'il veut nous toucher, s'il veut nous plaire, il a sur sa palette tous les trésors de la poésie; c'est à ses pinceaux à n'y prendre que les pensées, que les mots propres à donner à son tableau le ton convenable, propres à le faire parler aux yeux comme à l'esprit.

Ces réflexions nous ont été inspirées par la belle page dont nous offrons aujourd'hui la copie. M. Taunay s'y est montré presque supérieur à lui-même, et nous croyons

---

(1) Tableau peint sur bois; hauteur 1 pied 8 pouces, largeur 2 pied 6 pouces.
(2) Né à Paris. Membre de l'Institut.

UNE DISTRIBUTION D'AUMONES.

que, sans perdre au rapprochement, ce tableau pourroit être placé près de *la Messe à Saint-Roch*, du *Passage de la Guadarama par l'armée françoise*, et de la *Vue du port de Léon*[1].

Des moines de l'ordre de Saint-Bruno, à la porte de leur couvent, distribuent des aliments à la population nombreuse et mendiante de Naples. De toutes parts, les Lazarronis, leurs femmes, leurs enfants accourent avec empressement pour recevoir les charités des vénérables frères; de grandes fabriques d'un style simple et noble à-la-fois, s'élèvent des deux côtés de la place où la scène se passe, et les yeux en suivent les derniers plans, les dernières lignes, jusque dans l'enfoncement du tableau.

Sous le rapport de l'ordonnance, rien de mieux entendu que cette composition : chaque chose y est à sa place et s'y présente naturellement.... Au milieu du tumulte de cette foule il n'y a pas même de désordre; tout s'y prête un mutuel secours sans se confondre. Sous le rapport de la couleur, ce tableau est riche, harmonieux d'effet; l'emploi du clair-obscur y est ménagé d'une manière neuve et piquante, et répandu sur la partie du cadre où les moines sont placés, il établit entre ces figures, vêtues de blanc, pâles et décolorées, et ces visages brûlés par le soleil et ces costumes bizarres et variés dans leurs couleurs, une admirable opposition.

Hommes, femmes, enfants, assis, debout, accourant, se traînant d'un pas tardif à la distribution, ont leur expression particulière, leur mouvement personnel, et tous concourent en même temps à l'ensemble de l'action, tous sont animés d'un même sentiment qui s'exprime par différentes nuances.

Voyez les moines, comme ils sont tranquilles, simples, bienveillants; quel caractère de douceur vraiment apostolique est imprimé à tous leurs traits! Voyez ces mendiants empressés, avides, halletants, autour d'eux; comme la vérité se montre ici dans tous les détails!

Cette jeune fille debout, à droite du cadre, vue de dos et tenant un petit garçon par la main, ces deux lazarronis qui, du côté opposé, accourent à grands pas, comme ils sont dessinés! quelle touche ferme, quel crayon correct a tracé ces figures; quel coloris brillant leur a donné la vie!

Tout est large, peint d'inspiration dans cette belle production, les draperies sont bien jetées, les masses bien observées, les détails bien indiqués, c'est la manière du Poussin, c'est celle de Lesueur; rien n'est tourmenté, rien n'est recherché dans la *Distribution d'aumônes*, tout y est calculé avec justesse, et plus on regarde ce tableau, plus on se plaît à le regarder.

(1) Tableaux du même maître, qui se trouvent au musée royal du Luxembourg.

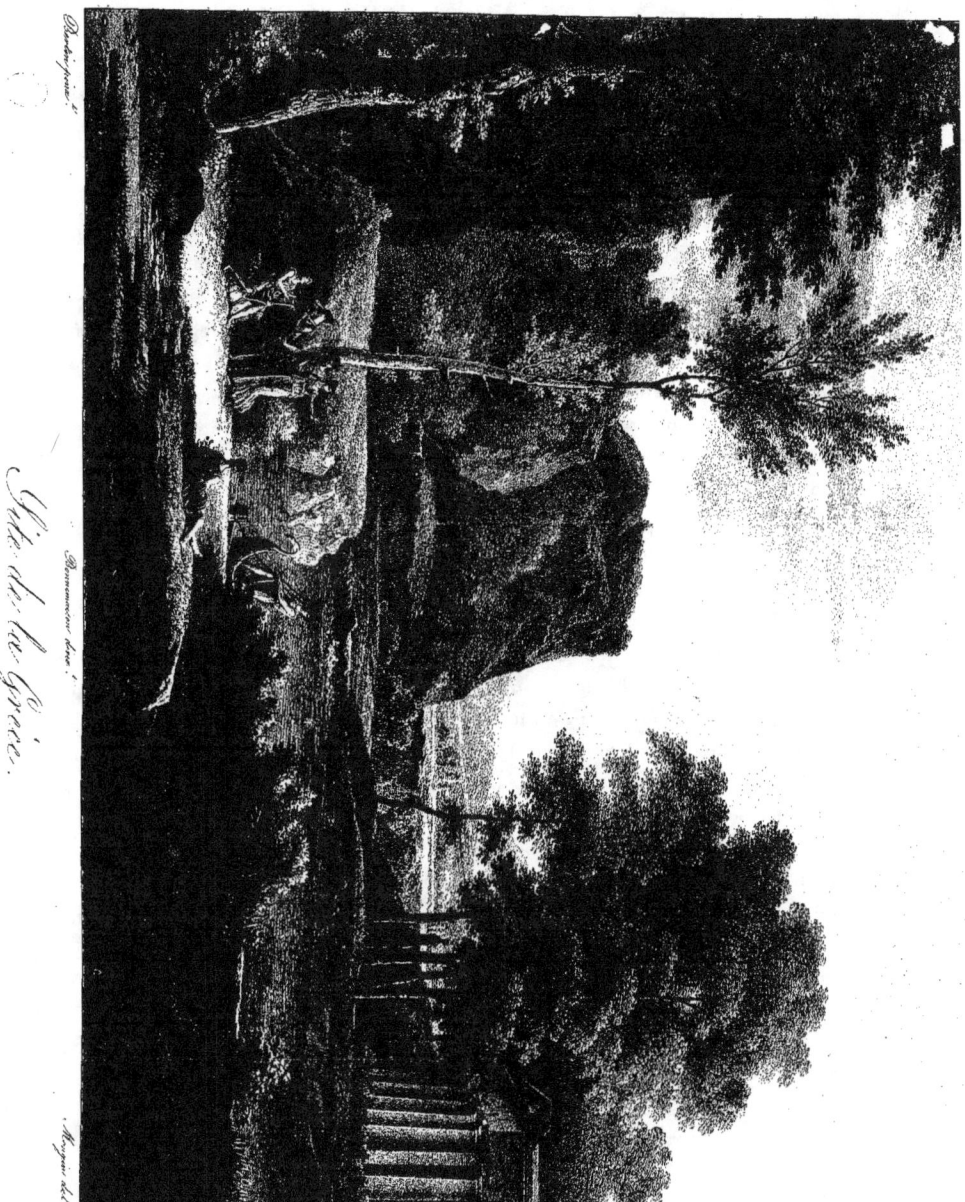

PAYSAGE, SITE DE LA GRÈCE[1],

PAR M. BERTIN[2].

L'un des plus savants et des plus féconds paysagistes de l'époque actuelle, M. Bertin laisse percer dans toutes ses compositions un goût de l'antique qui donne à leur style je ne sais quoi de simple et d'élevé en même temps. Il nous transporte tour-à-tour dans les belles campagnes de l'Italie et de la Grèce; il nous associe aux plaisirs innocents des bergers de ces contrées; ou, riche de ses souvenirs et du fruit de ses études, il nous présente quelques traits connus de l'histoire de ces peuples propres à ajouter à l'intérêt du tableau; quelquefois aussi, il va chercher ses inspirations dans les poètes de l'antiquité, et traduit avec autant de charme que de vérité leurs plus aimables vers.

En considérant le paysage dont nous donnons le dessin, on peut croire que l'artiste a voulu retracer quelque églogue de Théocrite ou de Moschus. Près d'un lac dont les eaux sont légèrement agitées par le vent frais du matin, des rochers étalent leurs larges flancs; non loin de là, et protégé par des arbres touffus qui l'abritent de leur feuillage, s'élève un temple consacré sans doute à la pudeur, dont on découvre la statue dans l'épaisseur du bocage; une jeune bergère et son amant dansent ensemble tandis qu'un autre berger joue du luth.

Il y a du calme et de la fraîcheur dans tout ce cadre, et le goût le plus pur a présidé au choix des différentes parties dont il se compose.

Les masses sont disposées avec art, les arbres d'une forme élégante, les aspérités du sol bien rendues, et le ciel, quoique nuageux, est d'une touche légère. Cependant cette jolie production laisse quelque chose à désirer sous le rapport du coloris, et même du pinceau qui dans quelques endroits semble être dur et froid, à force d'être fin[3].

(1) Tableau peint sur toile; hauteur 2 pieds, largeur 2 pieds 9 pouces. 1812.
(2) Né à Paris.
(3) Parmi les beaux ouvrages de M. Bertin qui ont été le plus justement admirés, il faut citer une *Vue prise à Népi, sur la route de Rome*, une autre dans *les Apennins*, la *Vue de la ville d'Olevano*, et celle du *Temple de Minerve Caphyes*, qui décorent la galerie du Musée du Luxembourg.

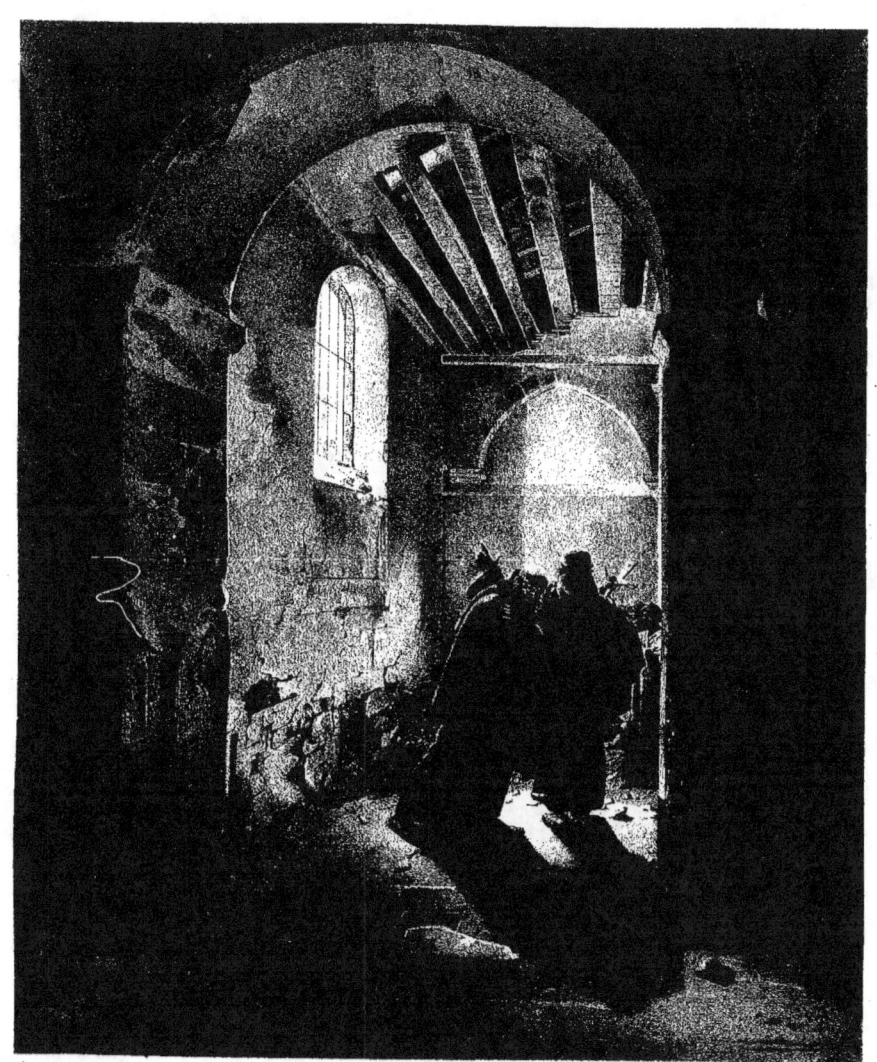

Saint François de Paule,

SAINT FRANÇOIS DE PAULE

PRÊCHANT LA FOI A DES PIRATES ALGÉRIENS [1],

PAR M. DELASSUS [2].

François de Paule, ainsi appelé du nom d'une ville de Calabre où il vit le jour, le 27 mai 1416, fut voué dès sa naissance par sa mère, Vienne de Fuscaldo, au saint à qui, pendant sa longue stérilité, elle avoit adressé ses ferventes prières, et à l'intercession duquel elle croyoit devoir ce fils tant desiré.

De bonne heure, François de Paule montra de l'éloignement pour le monde. Dès l'âge de quatorze ans, il renonça à l'héritage auquel il pouvoit prétendre un jour, et alla habiter un lieu solitaire sur un fonds qui appartenoit à ses parents ; mais il y fut bientôt poursuivi par les visites importunes de ceux que la curiosité plus que l'intérêt amenoit vers lui. Pour se dérober à cette obsession, il se retira dans un antre écarté sur les bords de la mer.

Cependant, sa piété éminente, l'austérité de sa vie et de ses mœurs, ne restèrent point ignorés, et des prosélytes nombreux accoururent de toutes parts auprès de lui. C'est alors qu'avec la sanction du pape, il fonda l'ordre des *Ermites de Saint-François*, connus depuis sous le titre de *Minimes*.

Louis XI, atteint d'une maladie dangereuse, s'imaginant qu'il ne pourroit recouvrer la santé qu'à la faveur des prières du pieux anachorète, le fit supplier de venir le trouver au Plessis-les-Tours où il étoit alors ; mais le saint homme ne céda aux desirs du monarque dont la foi lui paroissoit un peu douteuse, que parceque Sixte VI l'invita à se rendre auprès du roi de France.

Arrivé à Amboise, il y trouva le dauphin et les seigneurs les plus puissants de la cour

(1) Tableau peint sur toile ; hauteur 3 pieds 1 pouce, largeur 2 pieds 6 pouces. Salon de 1822.
(2) Né à Toulouse en 1781 ; élève de David.

SAINT FRANÇOIS DE PAULE.

qui l'attendoient. Il vint au Plessis-lès-Tours; le roi se jeta aussitôt à ses pieds en le suppliant de prolonger ses jours, mais l'heure fatale étoit marquée; Louis XI devoit bientôt quitter cette vie à laquelle il étoit si fortement attaché. Les prières du saint ne purent reculer l'époque de sa mort, mais du moins elles en adoucirent l'horreur!

François de Paule continua d'être en crédit à la cour de Charles VII et de Louis XII comme il l'avoit été à celle de Louis XI. Honoré par ces souverains, fondateur d'un grand nombre de couvents dans les diverses parties de l'Europe, il mourut au Plessis-lès-Tours, le 28 mars 1507[1].

Voilà le vénérable solitaire que M. Delassus a introduit dans son tableau; il vient, sous des voûtes en ruines, faire entendre la parole du vrai dieu à des pirates algériens, poussés sans doute par les vents sur la plage ignorée où il passoit sa vie. On regrette que l'auteur, en dérobant à la vue les traits de François de Paule, se soit privé d'une ressource précieuse à l'intelligence de l'action qu'il a voulu retracer. Si nous pouvions lire dans les regards du cénobite cet amour de Dieu dont il étoit toujours animé, si son front auguste portoit l'empreinte de cette candeur qui étoit la marque distinctive de son caractère, si tout en lui annonçoit cette chaste humilité d'un serviteur du Christ, on devineroit sans effort et sans peine le motif qui l'a décidé à venir en ces lieux. Toutefois nous ne nous permettrons pas de condamner la composition de M. Delassus, nous nous bornerons à faire observer qu'il étoit possible de rendre avec plus de clarté le sujet qu'il a choisi.

Quelques parties de cet ouvrage sont le fruit d'un talent vrai cependant: le délabrement des voûtes, le ton local des murs sont d'une extrême fidélité d'imitation; la lumière est répandue dans tout ce cadre d'une manière pittoresque; mais la figure de saint François de Paule et celle du minime dont il est accompagné nous semblent d'une trop grande dimension, proportion gardée, avec celles des pirates que l'on découvre dans le fond. Au reste, si M. Delassus n'a voulu faire qu'un tableau d'intérieur, cette production mérite des éloges: s'il a prétendu traiter un sujet historique, nous osons croire qu'on pouvoit attendre davantage de l'auteur d'*Hariadan Barberousse*[2].

(1) A Paris les courtisans appeloient les minimes *bons hommes*, sans doute à cause de la modestie et de la simplicité de leurs mœurs; ils avoient à Chaillot un couvent sur l'emplacement de l'ancien château de Nigeon, que leur avoit donné Anne de Bretagne.

(2) Exposé au salon de 1822.

Desrais pinx. Duménil sculp.

Le Serrage des Blés.

LE CHAMP DE BLÉ[1],

PAR M. DEMARNE.

Sur le premier plan, un cavalier fait l'aumône à des mendiants groupés au pied d'une croix en ruine; près d'eux passe une jeune paysanne qui chasse devant elle une chèvre à la blanche toison; à droite, un pâtre va traverser un ruisseau que ses vaches passent déjà : il se hâte de regagner le hameau voisin, assis sur la colline et parmi les arbres que l'on découvre à l'horizon. Au-delà du champ de blé, le conducteur d'un chariot couvert, et des voyageurs à cheval, semblent pressés d'arriver au gîte; le vent souffle avec impétuosité, il ébranle le vieil arbre planté à l'un des angles du champ, il courbe les frêles épis, il agite la surface du ruisseau, qui perd son immobilité accoutumée, enfin il pousse avec rapidité vers le couchant des nuages sombres qui se succèdent, s'amoncèlent, et voilent l'azur des cieux; tout annonce un prochain orage, tout avertit les voyageurs et les bergers du besoin de chercher promptement un abri contre la tempête qui les menace.

Tel est l'ensemble de cette petite composition d'un effet assez pittoresque, d'une couleur harmonieuse et agréable, mais où l'on ne retrouve point, du moins dans quelques parties, et notamment dans les figures, ce style pur, cette touche élégante, qui donnent tant de prix aux ouvrages de M. Demarne : ces légères imperfections, qui viennent non de l'insuffisance du talent, mais seulement d'un peu trop de négligence dans le travail, disparoissent sous le crayon coloré, transparent et fin de M. Villeneuve, dont les dessins, on peut le dire avec autant de justesse que de justice, sont véritablement des peintures.

[1] Tableau peint sur bois; hauteur 7 pouces et demi, largeur 10 pouces. Salon de 1819.

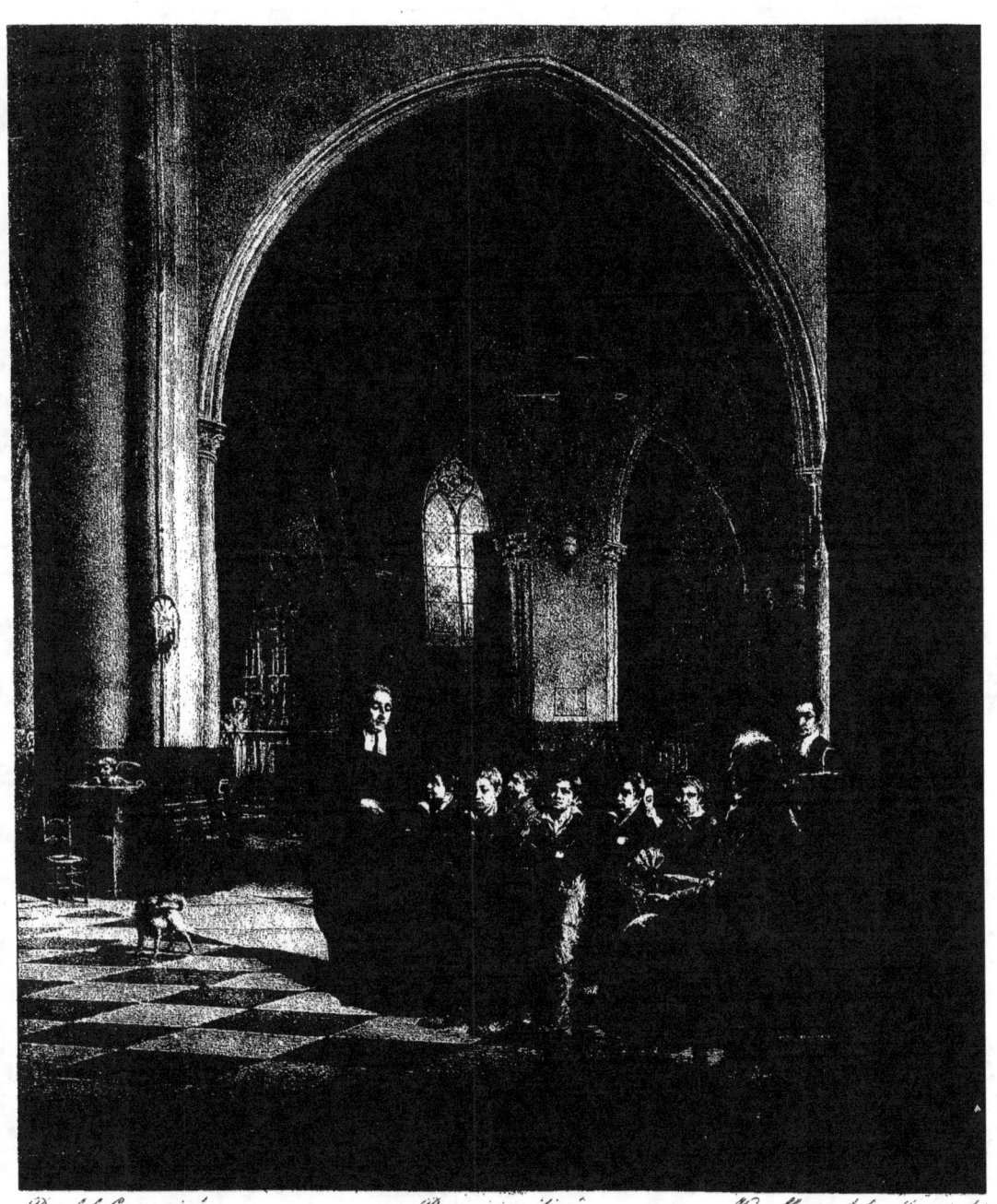

Les frères de la doctrine chrétienne.

LES FRÈRES DE LA DOCTRINE CHRÉTIENNE[1],

PAR M. DUVAL LE CAMUS.

Voici le peintre de la nature et de la vérité; il les suit, il les observe, et aucun de leurs traits n'échappe à son pinceau : elles se plaisent à se montrer à lui sous les formes les plus ingénieuses et les plus piquantes; il saisit tout ce qu'elles ont d'aimable et de spirituel avec un art dont la naïveté fait le charme particulier. On diroit que tous les genres de physionomies, que les caractères de tous les âges viennent d'eux-mêmes se placer sur sa toile animée.

Il nous a transportés à l'église de Saint-Germain-l'Auxerrois; nous y avons été conduits à la suite de jeunes écoliers confiés à la sollicitude de deux frères de la doctrine chrétienne... Parmi ces nombreux enfants, il n'en est pas un dont le regard, le sourire, la pose, le mouvement, n'expriment des sentiments divers, rendus avec des nuances si fines, si délicates, que l'on peut deviner d'avance quels seront, plus tard, l'humeur, les penchants, le caractère de chacun d'eux.

Rien de plus simple ni de mieux entendu que l'ordonnance de cette scène. Bien que l'architecture de la basilique, bien que les effets de l'optique soient traités dans cet ouvrage avec une grande supériorité, ce sont les enfants, leurs guides, c'est le vieux donneur d'eau bénite, dont la tête placée dans le clair-obscur est d'un aspect si neuf, qui attirent tous les regards. C'est vers ce groupe que l'on revient à chaque instant avec un nouveau plaisir, et dont on étudie avec un intérêt qui va toujours croissant, les développements ingénieux. Ce tableau, d'ailleurs qui, considéré comme composition, seroit peut-être le meilleur ouvrage de M. Duval, si l'on n'eût pas vu au salon de 1822, *la Signature d'un acte de mariage*[2], est, sous le rapport de l'exécution, digne de tous les éloges qui lui ont été donnés : vraies d'expression, les figures en

---
(1) Tableau peint sur toile; hauteur 1 pied 10 pouces, largeur 1 pied 7 pouces.
(2) Cet ouvrage appartient à S. A. R. Monsieur.

LES FRÈRES DE LA DOCTRINE CHRÉTIENNE.

sont dessinées avec pureté; les dégradations de la lumière, les lignes de la perspective y sont habilement observées; le coloris en est chaud, transparent; enfin on peut justement comparer cette production à celles des maîtres les plus estimés de l'école flamande : c'est leur couleur, c'est leur touche; mais c'est le crayon facile, c'est l'imagination riante du peintre françois qui a préparé, qui a calculé les effets nouveaux de ce cadre charmant.

A la vue des pages gracieuses dont l'artiste enrichit chaque nouvelle exposition, on lui sait gré d'avoir résisté au desir de ses parents, qui vouloient lui faire suivre la carrière du commerce. Il avoit à peine dix-huit ans lorsqu'il vint à Paris; mais à l'aspect d'un comptoir, il sentit une vocation intérieure qui l'appeloit ailleurs : ses idées étoient encore vagues, son goût pour les beaux arts n'étoit qu'indéterminé; cependant son ame s'ouvroit déja aux émotions profondes que la vue de leurs prodiges fait éprouver à ceux qu'un secret penchant attire vers leur culte.

De retour à Lisieux, son pays natal, loin de se montrer plus docile aux avis de son père, il ne s'occupa qu'à peindre des fleurs. A cette époque un heureux hasard fit tomber entre ses mains une étude de M. Gros, et de ce moment sa détermination fut irrévocablement prise; il peignit, il repeignit, et toujours avec une nouvelle ardeur, le précieux modèle. Les conseils de quelques amis éclairés dirigèrent ses premiers essais : avide d'apprendre, il fit des progrès si rapides, que ses parents ne contrarièrent plus son inclination. Il vint à Paris, il y étudia les chefs-d'œuvre de l'école moderne; il y suivit avec zèle, avec fruit les savantes leçons de M. David. Sous la direction d'un tel maître son talent prit son essor, et bientôt des succès flatteurs signalèrent ses débuts.

On vit paroître de lui successivement au salon de 1819 *le Baptême*[1], qui lui valut une médaille d'or, et *l'Intérieur d'une chambre où deux invalides jouent au piquet*; au salon de 1822, le tableau[2] dont nous donnons aujourd'hui la copie, exécutée avec la fidélité, avec la perfection que l'on peut attendre des beaux talents réunis de MM. Vauzelle et Aubry-Lecomte, *la Signature d'un contrat*, *la Dame de charité*, *l'Interrogatoire*, et une foule d'autres productions toutes d'un caractère absolument neuf et original.

(1) Acheté par S. A. R. Monsieur, et donné par ce prince à madame la duchesse d'Angoulême.
(2) Exposé en 1820, dans le local de la société des Amis des arts, il devint la propriété de M. Personne Desbrières, qui le céda plus tard à S. A. R. madame la duchesse de Berry.

Goubaud pinx. *Duparc sc.*

Marche aux chevaux.

Reinier del.

UN MARCHÉ AUX CHEVAUX,

PAR M. SWEBACH, DIT FONTAINE.

C'est dans un champ, près d'un hameau sans doute, dont on découvre une ou deux chaumières, que se tient le marché. Déja les maquignons s'y sont établis, ils occupent le fond de la plaine. Des étalons de races diverses, groupés sur le premier plan du tableau, attirent les regards par leur beauté : l'un d'eux est monté par un palfrenier, à qui une paysanne offre gaiement le coup de brandevin. Tout près de là, deux chevaux fiers et fringants, l'un gris pommelé, l'autre noir comme l'ébène, sont confiés à la garde d'un jeune villageois, qui paroît assez embarrassé de ce double dépôt. Voilà l'ensemble du tableau de M. Swebach.

Les figures et les chevaux sont touchés avec cet esprit, dessinés avec ce caractère particulier, qu'imprime le talent de l'artiste à toutes ses productions. Des peintres de genre de l'école moderne, il est peut-être celui qui se rapproche le plus de la manière de Wouwermans, soit par le piquant des ajustements et l'originalité de la pensée, soit par la distribution des groupes et l'indication vraie des races de chevaux.

Doué d'une main sûre et hardie, son faire est large et prompt, sa touche grasse et vigoureuse, son coloris transparent et plein de chaleur; en un mot, M. Swebach joint à la plus étonnante facilité de conception une facilité de travail non moins prodigieuse.

Son *Marché aux chevaux* est, nous le présumons, de ses premiers temps; car, malgré toute la supériorité avec laquelle les figures et les chevaux sont dessinés, on peut remarquer dans les fonds, dans les arbres sur-tout, quelques tons lourds et grisâtres contraires à l'effet de cette brillante harmonie qui embellit, qui vivifie, si l'on peut ainsi parler, tous ses ouvrages d'une époque plus récente.

Aussi ne nous permettons-nous cette légère observation que pour montrer qu'il

---

(1) Tableau peint sur toile; hauteur 1 pied, largeur 9 pouces.

UN MARCHÉ AUX CHEVAUX.

n'est point de bornes pour un talent naturel; et, qu'inspiré par une imagination fraîche et riante, il n'est point de perfection à laquelle il ne puisse arriver. C'est ce but où est parvenu M. Swebach, et l'on peut dire qu'initié dans tous les secrets de son art, il s'en sert toujours habilement, et sans jamais en abuser.

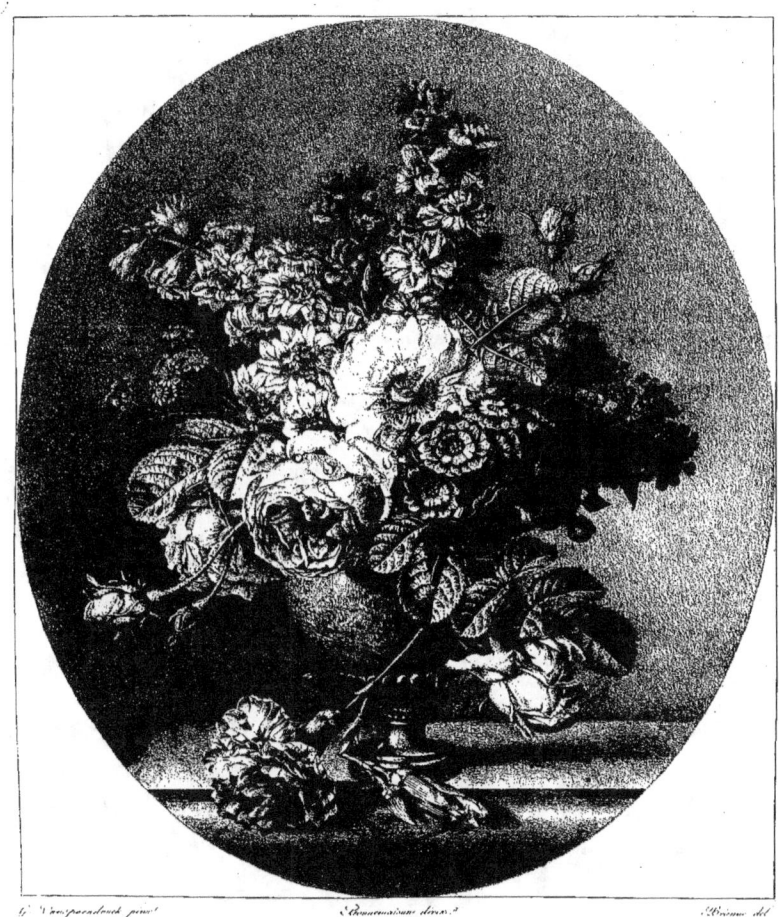

DES FLEURS DANS UN VASE,

PAR M. GÉRARD VANSPAENDONCK.

Dans un vase de lapis, dont le pied est entouré de bronze doré, des roses mêlent leur vif incarnat à l'albâtre d'une jacinte et d'une rose blanches. La giroflée, aux calices d'or, la renoncule pourprée, les oreilles-d'ours veloutées, le lilas, aux suaves couleurs, se groupent à l'entour et forment un bouquet dont chaque fleur doit un nouvel attrait à la fleur qui l'avoisine. Un œillet panaché est tombé sur la tablette de marbre qui sert de socle au vase.

Tout dans cet ouvrage est d'un goût exquis et d'un talent supérieur. Arrangement pittoresque des plantes, choix des nuances les plus harmonieuses, coloris plein de fraîcheur, touche fine et légère, voilà ce que l'on trouve réuni dans cette charmante composition. L'art avec lequel elle est conçue et terminée est d'autant plus aimable, d'autant plus parfait, que la nature semble le couvrir de son enveloppe mystérieuse. Plus on contemple ce vase, et plus on se persuade qu'il n'étoit pas possible de grouper, d'assortir autrement ces fleurs... C'étoit là le grand talent de M. Vanspaendonck, en peignant à larges traits les trésors de nos jardins et de nos champs; il savoit, sans cesser d'être vrai, sans cesser d'être fidèle, en rendre toutes les beautés, toutes les formes délicates avec une élégante exactitude qu'il laisse comme un modèle à ceux qui pourront l'imiter.

Né à Bois-le-Duc, en 1746, Gérard Vanspaendonck montra dès son jeune âge un goût prononcé pour le dessin. Après avoir étudié pendant quelques années à Bruxelles l'art dans lequel il devoit se placer si haut, il quitta sa patrie, où les conseils de ses maîtres lui étoient devenus insuffisants: aucun d'eux ne pouvoit plus le suivre dans la carrière qu'il avoit déja parcourue à si grands pas. Il vint à Paris[2]: il

---

(1) Tableau de forme ovale, peint sur toile; hauteur 1 pied 4 pouces, largeur 1 pied 2 pouces.
(2) Il avoit alors 24 ans.

DES FLEURS DANS UN VASE.

avoit calculé qu'il pouvoit y vivre, exempt de gêne, pendant trois ans, avec les seules ressources de sa modique fortune, et sans être réduit à chercher dans le travail des secours souvent d'autant plus précaires que le besoin éteint le génie ou l'arrête dans son essor, et ne laisse au talent ni cette liberté, ni cette vigueur sans lesquelles il ne peut réellement exister.

Arrivé dans la capitale des arts, Vanspaendonck fut étrangement surpris de n'y trouver que des peintres de fleurs d'une telle médiocrité, que leurs ouvrages pouvoient à peine entrer dans quelques décorations ou dans l'ornement des panneaux de voitures. Ce mécompte ne le rebuta point. Privé des exemples et des avis sur lesquels il avoit fondé ses espérances, il n'en devint que plus ardent à étudier la nature, à lui dérober ses secrets, à lui emprunter ses richesses. Son génie le servit à souhait et de prompts succès couronnèrent ses efforts.

D'abord il se fit connoître par de petits dessins très réduits dans les bornes étroites d'une carte à jouer. Ces miniatures devinrent bientôt et sont restées l'ornement des cadres, des bijoux les plus précieux et les plus rares.

A peine âgé de vingt-cinq ans, et lorsque tous ses jeunes amis saisissoient avec empressement l'occasion de se livrer aux amusements que le monde leur présentoit, il ne s'occupoit, il ne trouvoit de plaisir qu'à observer la nature, et qu'à triompher des difficultés que son imitation lui offroit. Ses ouvrages gracieux lui acquirent rapidement une célébrité que chaque exposition du salon ne fit qu'étendre et justifier. Les amateurs qui se disputoient ses riches productions, en donnoient toujours un prix supérieur à celui qu'il en demandoit, et tel ouvrage qu'il croyoit ne valoir que 12 ou 15 louis, lui étoit souvent payé 12 à 1500 francs.

Mais un tableau plus capital que tous ceux qu'il avoit exécutés jusque là vint mettre le sceau à sa réputation. M. de Maurepas lui en offrit 4000 francs. M. Watelet, protecteur du jeune artiste, l'engagea à l'abandonner pour ce prix au ministre. Vanspaendonck le refusa. Ce tableau étoit promis à un banquier de Hollande qui avoit laissé au peintre le soin d'en fixer la valeur. Vanspaendonck écrivit donc au Hollandois que son ouvrage avoit obtenu quelques suffrages honorables, et qu'il croyoit en conséquence qu'il valoit de 2 à 3000 francs : il le prioit d'ailleurs de réduire ce prix, s'il le trouvoit trop élevé. Le banquier ne lui répondit que par des remerciements, et par l'envoi d'une traite de 6000 francs pour le prix du tableau fait, et d'un autre qu'il demandoit à M. Vanspaendonck. On ne sait lequel on doit le plus louer ou de la généreuse réserve de celui-ci, ou de la confiance honorable du Hollandois.

DES FLEURS DANS UN VASE.

De ce moment la fortune de l'artiste fut faite ; il fut riche, on peut le dire, car son économie doubla les ressources que lui procuroit son travail. Les plus illustres personnages s'envièrent le plaisir de l'obliger et de le seconder ; il put compter parmi ses protecteurs une princesse dont le nom se rattachoit alors à tout ce qui faisoit la gloire et le bonheur de la nation, et qu'immortalisèrent plus tard l'excès de ses infortunes, et la constance inaltérable de ses nobles vertus ; l'auguste fille de Marie-Thérèse voulut donner à Vanspaendonck des marques de sa munificence royale : elle le chargea d'exécuter pour elle plusieurs ouvrages destinés à décorer la retraite où elle se plaisoit à déposer le fardeau de la grandeur[1]. Deux chefs-d'œuvre sortirent des pinceaux de l'artiste : l'un fut placé dans le palais de la princesse[2], l'autre[3] ne fut achevé que lorsque déja Marie-Antoinette répandoit en secret des pleurs sur les maux qui menaçoient et son époux, et ses enfants, et le pays qu'elle nommoit sa seconde patrie.

Le gouvernement qui sut arrêter les convulsions de l'anarchie, et rendre aux arts, long-temps en deuil, une splendeur nouvelle, ne méconnut point le mérite supérieur de M. Vanspaendonck. Il fut successivement nommé membre de l'Institut, chevalier de la légion d'honneur, professeur d'iconographie au jardin des plantes, et le suffrage public vint toujours ratifier ces honorables récompenses.

Les personnages les plus distingués recherchoient sa société ; les peintres, son amitié et ses conseils. Dans l'hiver de l'âge il avoit encore toute la fraîcheur d'imagination, toute la douceur, toute l'amabilité de la jeunesse. Son pinceau ne s'étoit point refroidi, et ses ouvrages étoient pleins de richesse et de verve : tout sembloit lui promettre une plus longue carrière, quand une maladie soudaine, dont on ne put arrêter les effrayants progrès, l'enleva en peu de jours à ses amis, à ses élèves, à l'illustre société dont il faisoit partie. Il mourut à Paris, le 11 mai 1822, laissant avec la réputation d'un grand peintre, celle d'un homme de bien.

(1) Le petit Trianon.
(2) Il est aujourd'hui dans la galerie du grand Trianon.
(3) Ce tableau est l'un des plus beaux ornements du Musée royal.

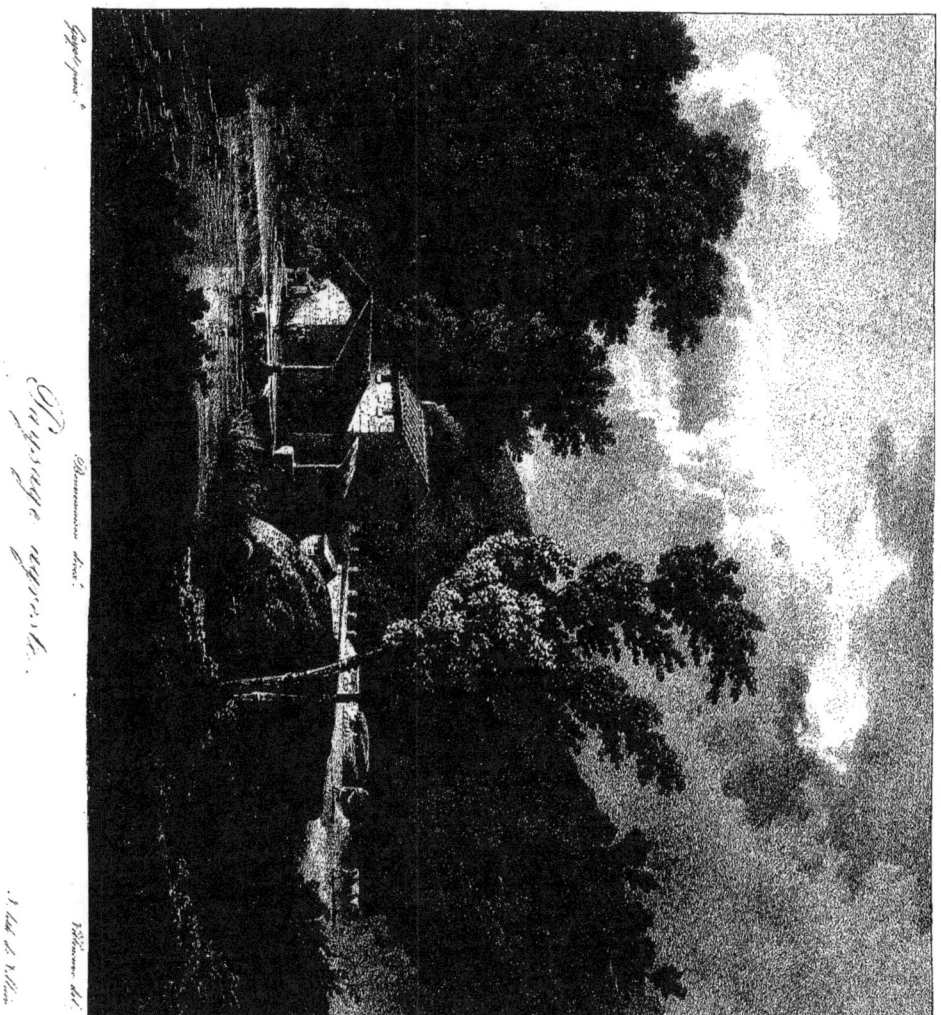

Paysage agreste.

PAYSAGE AGRESTE[1],

PAR M. GUYOT[2].

A droite du tableau, et sur un plan avancé, chaumière baignée par une rivière qui, traversée dans cet endroit par une digue, forme une chute pittoresque ; à gauche, et plus avant encore, groupes d'arbres d'un épais feuillage ; au-dessus, bois, dont l'ombre fraîche et mystérieuse s'étend à l'entour de la maison ; dans le fond, rochers grisâtres des crevasses desquels s'échappent quelques filets d'eau ; ils s'élèvent en gradins ; leurs escarpements, frangés de buissons, dessinent leurs formes anguleuses sur l'horizon chargé de nuages sombres. Un chemin facile est tracé au pied des rochers, et se prolonge derrière la chaumière, à la porte de laquelle des blanchisseuses, craignant un prochain orage, dont le vent qui souffle avec violence n'est que le précurseur, semblent empressées de terminer leurs travaux. Une bergère, précédée de sa vache, fuit épouvantée.

Les détails de cette composition, disposés convenablement, s'harmonisent parfaitement entre eux, et présentent un ensemble d'un effet assez romantique. L'œil suit sans effort et sans fatigue les plans divers sur lesquels les rayons de la lumière sont répandus d'une manière piquante. Enfin, l'aspect et le ton général du tableau sont agréables. On desireroit cependant que la touche large de l'auteur fût quelquefois plus légère, et sa couleur plus transparente.

M. Guyot s'est fait avantageusement connoître par plusieurs productions du genre de celle-ci, qui se font remarquer ou par la vérité locale, ou par une ordonnance simple et gracieuse ; il y place quelquefois des figures d'un style élégant. On lui doit un recueil d'arbres lithographiés, très propre à faciliter les élèves dans l'étude du paysage.

(1) Tableau peint sur toile; hauteur 14 pouces, largeur 17 pouces. Salon de 1808.
(2) Né à Paris en 1777; élève de M. Bertin.

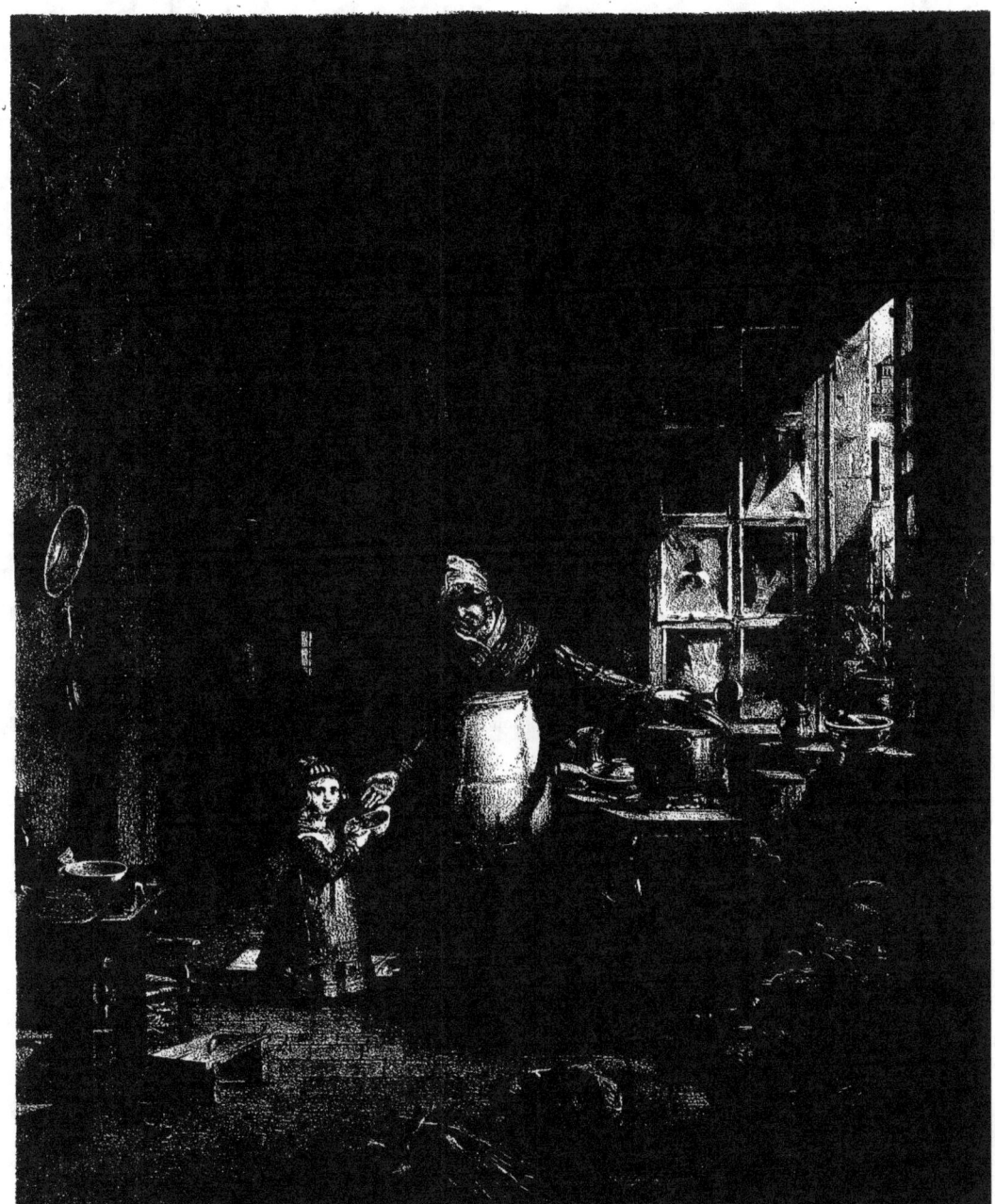

La Bonne Mère

LA BONNE MÈRE[1],

PAR M. GÉNOD[2].

Les intérieurs de Drolling avoient trouvé trop d'admirateurs pour ne pas avoir aussitôt des imitateurs nombreux. Les *cuisines*, les *salles à manger* firent fureur; chaque riche amateur voulut en avoir pour décorer sa galerie ou son cabinet, et les peintres de genre, obligés, pour leur intérêt particulier, de souscrire aux impérieuses volontés de la mode, ne firent plus que des *intérieurs*.

M. Génod dut sacrifier au goût commun, et il débuta au salon de 1819 par trois intérieurs; deux de ces ouvrages fixèrent l'attention des connoisseurs, et S. A. monseigneur le duc de Berry, toujours empressé à honorer les artistes de sa bienveillance, ou à leur donner des marques de sa libéralité, voulut que ces deux gracieuses compositions fussent placées dans sa galerie.

La Bonne Mère est l'un de ces deux tableaux[3]. Sans examiner si les figures de ce cadre expliquent suffisamment son titre, nous nous bornerons à ne le considérer que sous le rapport des nombreux détails qu'il renferme et de la manière dont ils sont rendus.

Une grande croisée entr'ouverte, et dont plusieurs vitraux sont ou brisés ou remplacés par des feuilles de papier huilé et chargé de caractères écrits, laisse pénétrer les rayons du soleil dans une cuisine; ils éclairent particulièrement le fourneau et tombent d'aplomb sur une marmite de cuivre, sous laquelle pétille un charbon ardent; à droite, et du côté opposé au fourneau, on remarque, sur une table grossière, une bouteille, une assiette de faïence, et une cuiller d'étain; aux murs sont suspendus divers ustensiles, et sur le sol des légumes sont jetés pêle-mêle. La Bonne

---

[1] Tableau peint sur toile; hauteur 2 pieds 6 pouces, largeur 2 pieds. Salon de 1819.
[2] Né à Lyon en 1795; élève de M. Revoil.
[3] L'autre est *le Petit Malade* dont nous donnerons plus tard une copie.

LA BONNE MÈRE.

Mère occupe le milieu du tableau; elle donne à son jeune enfant une écuelle dans laquelle elle a versé, sans doute, un bouillon tiré de la marmite dont sa main droite tient encore le couvercle.

Les accessoires de cette petite composition sont traités avec non moins de soin que de goût, et plusieurs d'entre eux sont exécutés avec une scrupuleuse fidélité d'imitation. Le feu rougeâtre du charbon qui se détache en vigueur sur la lumière diaphane et dorée du soleil est d'un effet piquant, et la dégradation des tons est observée avec assez de justesse. On pourroit pourtant adresser quelques reproches à l'auteur pour des erreurs de perspective : toutefois il y a de l'air et de la profondeur dans cette cuisine, et l'on aime à plonger ses regards dans ce passage que laisse voir une porte ouverte dans le fond; mais un autre mérite recommande encore ce premier ouvrage de M. Génod, ses figures sont bien touchées, et l'expression en est aussi douce que vraie; qu'il ne craigne donc point que nous nous arrêtions à le faire apercevoir de quelques incorrections de dessin. Il a d'ailleurs prouvé, par des ouvrages plus récents [1], qu'il savoit les éviter; et nous nous empressons d'applaudir à son talent facile et à ses rapides progrès. Sa manière en général rappelle plus particulièrement celle de Pierre de Hooch. M. Génod nous promet un peintre naturel et gracieux de plus, et tout nous garantit qu'il ne trahira pas ses promesses.

(1) *Le Chasseur qui a blessé son chien*, *la Sœur hospitalière*, ont obtenu de nombreux suffrages, et des suffrages mérités, à l'exposition de 1822.

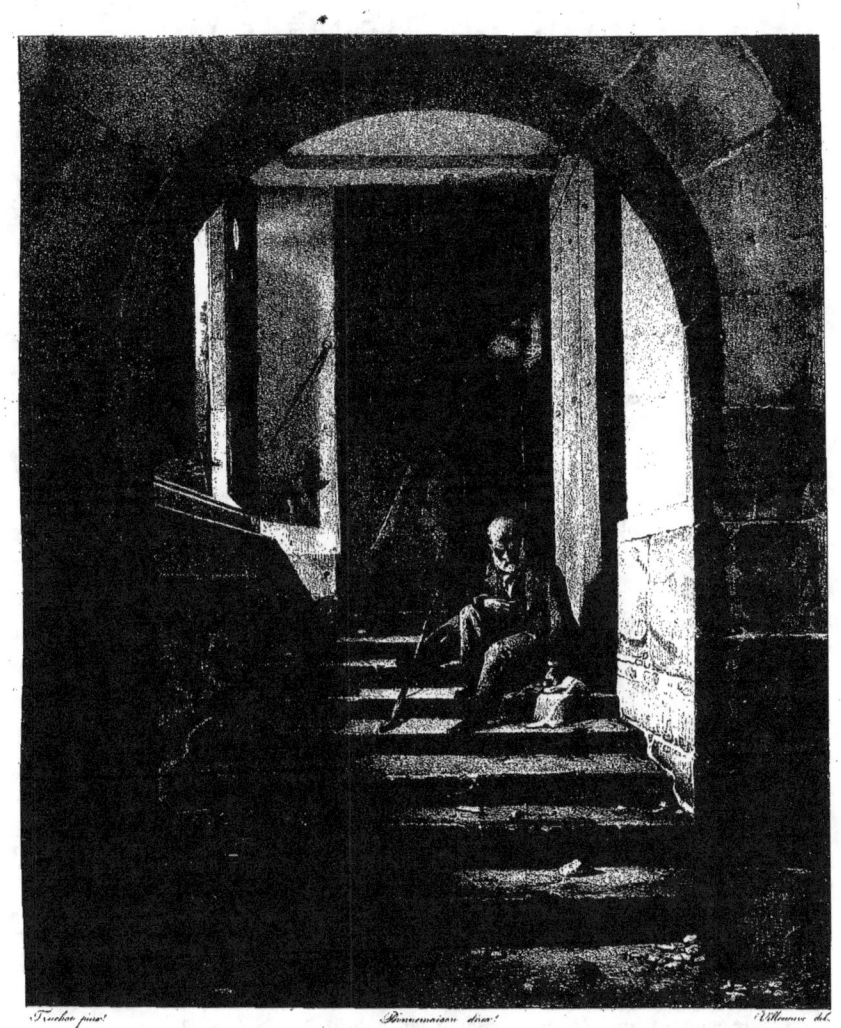

Vue de l'Escalier d'un atelier de Sculpteur.

VUE DE L'ESCALIER

D'UN ATELIER DE SCULPTEUR[1],

PAR M. TRUCHOT.

La touche de ce tableau est expéditive et large; la couleur en est vraie, riche et solide; la lumière qui l'éclaire est transparente et légère : peut-être desireroit-on qu'elle eût plus de vivacité : il en résulteroit une opposition plus prononcée entre les teintes du premier plan et celles des plans reculés. Si la lumière étoit moins étendue, les ombres seroient plus fermes, plus tranchées, et l'avant-scène du cadre en auroit plus de ressort. Quoi qu'il en soit, cet ouvrage est empreint des marques d'un talent naturel, et l'on y reconnoît les qualités qui distinguent le peintre ingénieux et le grand coloriste. Que d'espérances fit naître un tel début! Que de palmes étoient promises à son jeune auteur! Mais la mort ne respecta point un si beau talent, elle frappa M. Truchot au moment où il alloit recueillir le prix le plus doux de ses travaux, l'estime et l'approbation générales; la joie et la félicité de ses parents, dont il étoit le soutien.

Henry-Édouard Truchot, né à Bliscastell le 3 mai 1798, était destiné par sa famille à suivre la carrière des bureaux. A treize ans et demi il fut admis dans ceux du Journal de l'Enregistrement; à 17 ans il passa dans ceux de l'administration du Garde-Meuble, où son père étoit teneur de livres. Cet emploi ayant, en 1815, été supprimé, cette suppression entraîna le renvoi du père et du fils. Accablé du malheur imprévu qui atteignoit sa famille, le jeune Truchot n'écouta d'abord que sa douleur. Six mois de sa vie s'écoulèrent dans le deuil et dans une horrible inquiétude. A cette époque, son père fit la connoissance de M. Bouton : cet habile artiste, à la

---

[1] Tableau peint sur toile en 1807; hauteur 2 pieds 2 pouces 6 lignes, largeur 1 pied 10 pouces 6 lignes.

vue des essais que lui présenta Truchot, s'offrit à lui donner des conseils: ils assurèrent les progrès de cet intéressant jeune homme. Dès-lors, renonçant aux plaisirs de son âge, et seulement occupé de l'avenir de ses parents dont il espéroit adoucir l'infortune par le fruit de ses travaux, il s'adonna tout entier à l'étude du dessin; mais bientôt, entraîné par sa vocation, il voulut peindre et s'essayer d'après la nature. Les plus heureux succès couronnèrent ses premières tentatives, et dès ce moment, sur l'invitation même de M. Bouton, il se forma un atelier particulier.

Ce fut seulement dans le courant de 1817 qu'il prit la palette, et le Salon de 1819 vit de lui *les Ruines du Château des Quatre-Fils-Aymon; l'Entrée du Château de Brie-Comte-Robert* [1], ouvrages capitaux, également remarquables par la vigueur du coloris, la fermeté de la touche et l'effet grandiose et pittoresque de l'ensemble. Ce début fixa sur lui tous les regards. Le Salon de 1822 ne fit que confirmer les espérances qu'on avoit conçues d'un talent si précoce et déjà si formé. Parmi les divers ouvrages qu'il y exposa, *les Funérailles d'Isabeau de Bavière*, et *les Ruines de l'Église des Prés-Saint-Gervais* [2], empreints d'une mélancolie profonde, offrant dans leur ensemble je ne sais quoi de triste et de solennel, et joignant à l'élévation de la pensée la beauté de l'exécution, enlevèrent tous les suffrages.

Mais tandis que mille voix réunies célébroient les triomphes du jeune Truchot, une maladie de langueur l'entraînoit rapidement vers la tombe. Au retour d'un voyage en Angleterre, il fut atteint d'une affection de poitrine, et bientôt il y succomba : il mourut le 18 août 1822.

(1) Le premier de ces tableaux appartient à S. A. R. madame la duchesse de Berry; l'autre à M. le chevalier Bonnemaison.

(2) Le premier de ces tableaux appartient à S. A. S. Monseigneur le duc d'Orléans, et l'autre à M. Daguerre.

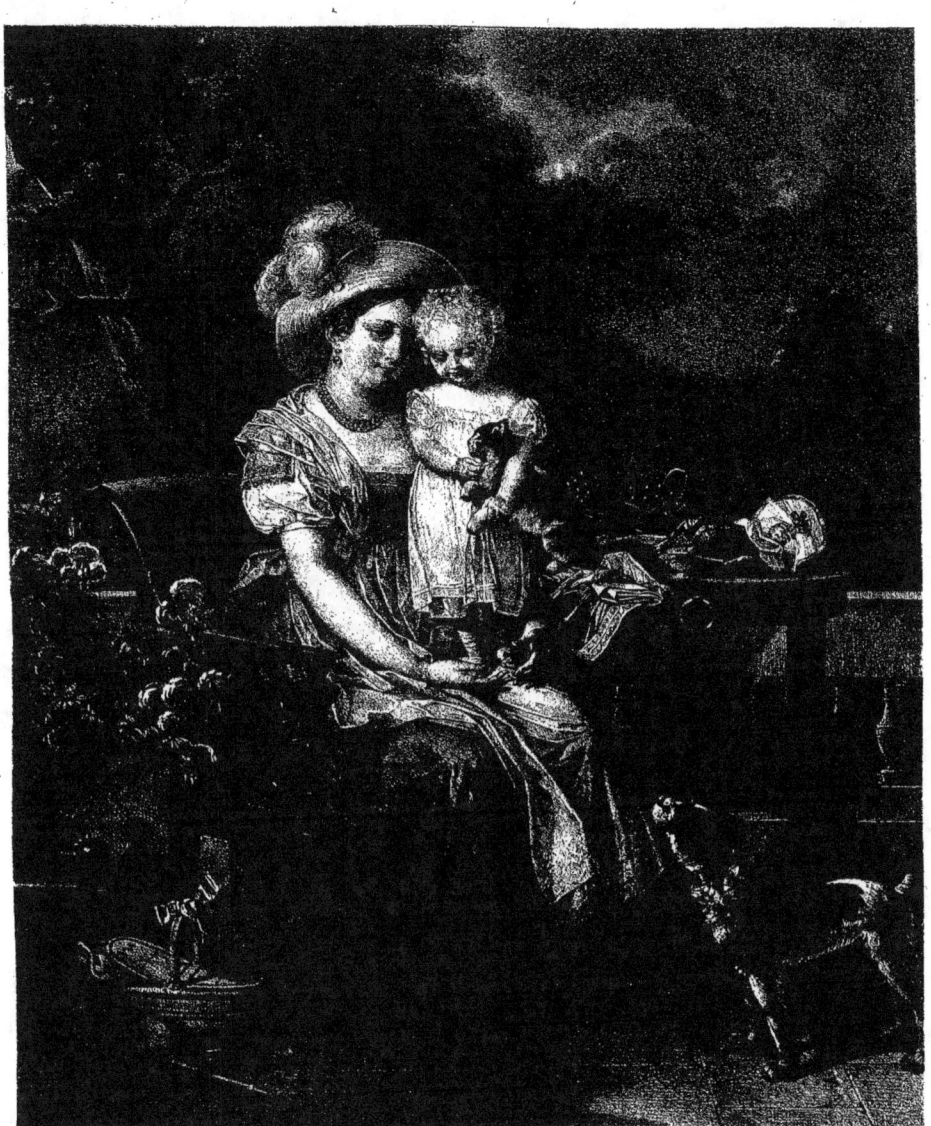

L'Heureuse Mère.

L'HEUREUSE MÈRE[1],

PAR MADEMOISELLE GÉRARD.

Dans aucun de ses ouvrages, toujours aimables d'expression, toujours d'un style gracieux, l'artiste n'a montré peut-être plus de talent que dans celui-ci; rien de recherché, rien de prétentieux dans l'ordonnance de ce cadre; tout y est naturel et bien à sa place.

Au printemps de l'âge, une mère tient, debout sur ses genoux, sa petite fille qui joue avec un chat; un chien fidèle est à ses pieds, il regarde sa maîtresse comme s'il devinoit la douce joie dont elle est pénétrée. Cette jeune femme, déja si belle de ses seuls attraits, est encore embellie par le sentiment d'amour qui brille dans ses yeux. Comme tout en elle exprime le bonheur et la tendresse d'une mère!.. L'élégance, la grace de cette figure, la simplicité de sa pose, le choix même de ses ajustements révèlent l'esprit et le goût d'une femme. Avec un talent égal, un peintre n'eût point eu la délicatesse de tact qui se déploie dans les moindres détails de ce tableau.

Il y a je ne sais quoi de suave et de mélancolique dans cet ouvrage qui plaît, qui attache; on diroit que mademoiselle Gérard s'est inspirée d'après quelques productions des maîtres anglois, en ajoutant à leur manière l'attrait particulier de la sienne.

Les fonds sombres mais peu décidés sur lesquels se détachent les figures, ne nuisent point, bien qu'ils soient la partie la plus foible du tableau, à l'harmonie de l'ensemble; les têtes ont de la fraîcheur, les chairs sont transparentes et fines, les draperies traitées avec un talent supérieur, et tous les accessoires aussi bien disposés que bien exécutés, en un mot, tout dans cette composition est d'un goût pur, d'un effet heureux et bien entendu.

(1) Tableau peint sur toile; hauteur 2 pieds, largeur 1 pied 7 pouces.

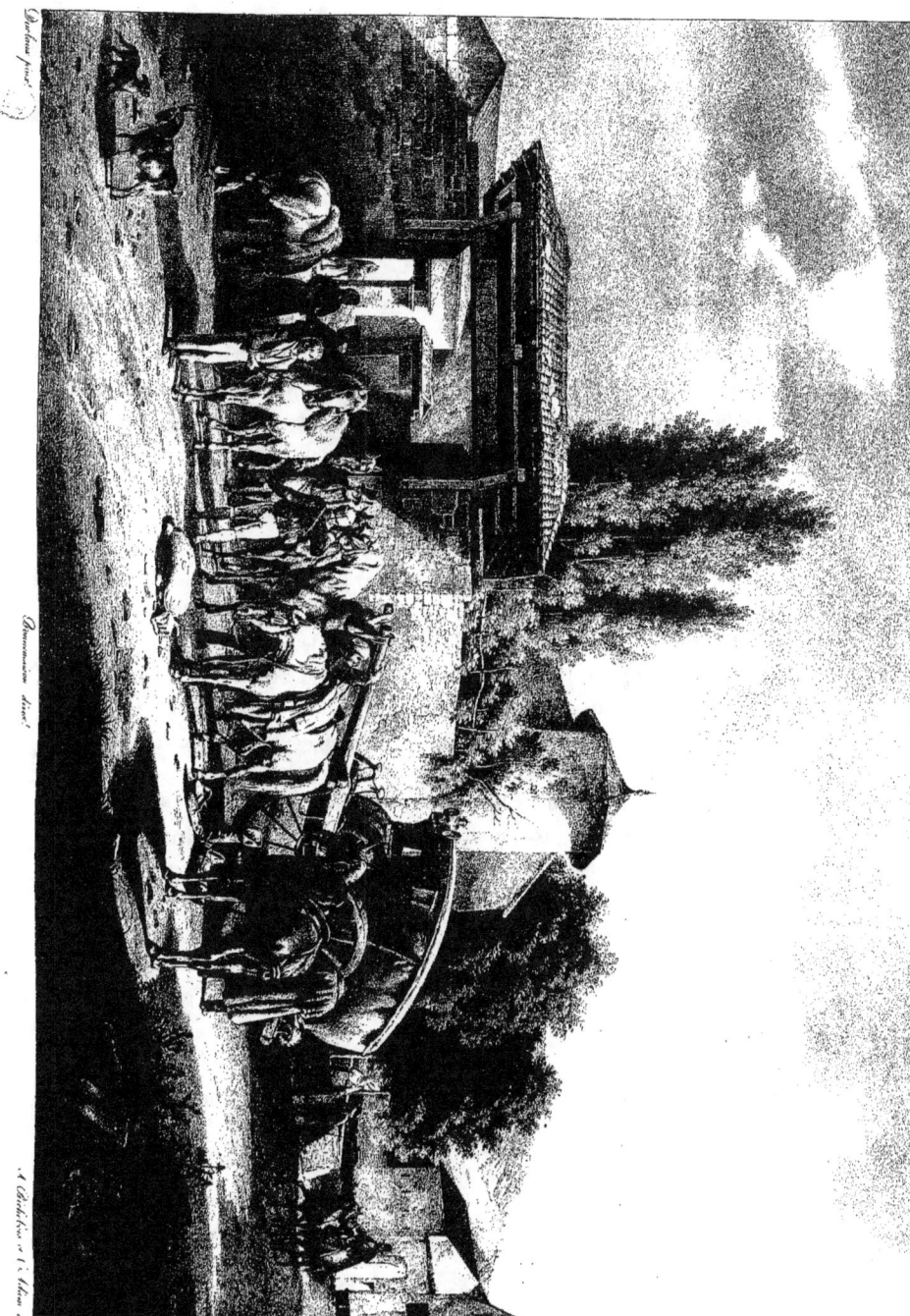

LA MALLE AU RELAI[1],

PAR M. DUCLAUX.

De jolis détails, de la vérité dans l'imitation, de la naïveté dans les poses des figures, du mouvement, de l'intelligence dans l'ensemble de la scène, de la finesse dans les tons, de l'harmonie dans le coloris (qui pourtant manque un peu de transparence), font de la Malle au relai un tableau fort agréable qui décèle un talent facile et vrai.

La route que suit l'auteur est bonne et sûre; il a le sentiment de la nature, et il en rend parfois les effets d'une manière aussi neuve qu'originale. Il étudie les objets; il ne les peint ni de pratique, ni de souvenir; et en les présentant avec une rigoureuse exactitude, il ne leur fait rien perdre de ce qu'ils ont de pittoresque et de singulier, soit dans leur forme, soit dans leur couleur. Toutefois, sa touche est encore timide; elle n'est ni assez ferme, ni assez large : peut-être aussi s'attache-t-il à reproduire avec trop de scrupule les moindres détails. Il doit se défier de ces soins minutieux et des exemples qui peuvent en ce genre s'offrir à lui. Cette application n'est au fait que du métier, et presque toujours elle refroidit le pinceau et comprime le génie; mais ces défauts, qui sont ceux de presque tous les débutants dans l'art si difficile de peindre, ne se font que très foiblement sentir dans les ouvrages de M. Duclaux, et particulièrement dans celui dont nous rendons compte ici. Avec plus d'usage, et en poursuivant les études qu'il a commencées si heureusement, il saura bientôt les éviter; et ses productions, déjà très gracieuses, le placeront dans un rang supérieur parmi les peintres qui traitent les sujets auxquels il semble avoir donné lui-même une préférence marquée.

(1) Tableau peint sur toile; hauteur 1 pied 5 pouces, largeur 2 pieds 3 pouces. Salon de 1817.

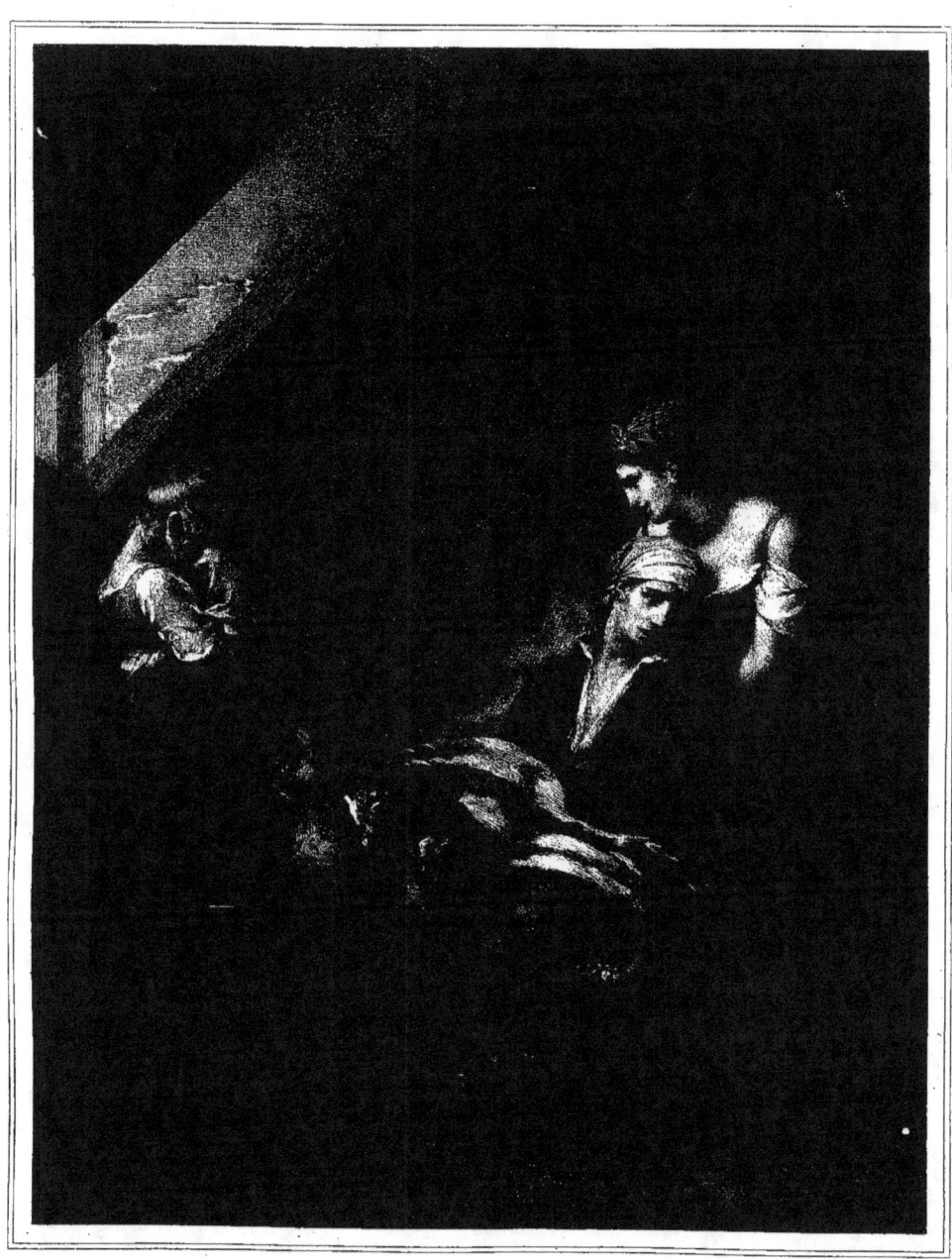

Une Famille Malheureuse

UNE FAMILLE DANS LA DÉSOLATION[1],

PAR M. PRUD'HON.

Il nous seroit peut-être difficile de donner une juste idée des beautés de sentiment que renferme ce cadre, si nous n'avions à présenter, auprès de l'analyse que nous en allons faire, le dessin de M. Aubry-Lecomte, qui reproduit (autant du moins qu'il est permis au plus habile crayon de le faire) tout le charme, tout le pathétique de l'œuvre du plus suave pinceau qui fut jamais.

Tout dans cette composition est hors des limites de l'art, parceque l'art y est dominé par une douleur vive et profonde aux inspirations de laquelle il a dû céder. C'est elle qui a broyé les couleurs de Prud'hon, qui les a étendues sur sa palette, qui les a offertes à son pinceau; c'est elle enfin qui se montre dans toutes les parties de ce morceau touchant.

Un père de famille, jeune encore, atteint d'une maladie mortelle, va mourir au milieu de ses enfants, sous les yeux de sa femme, qui ne peut rallumer pour lui le pâle flambeau de la vie... Il va mourir... et la plus horrible indigence attend ceux dont il étoit l'unique appui. Sa triste compagne, sur le sein de laquelle il repose sa tête languissante, le soutient dans ses bras tremblants; il a abandonné l'une de ses mains à son plus jeune fils qui la baigne de ses larmes; son autre enfant, priant le ciel de conserver les jours de son père, le regarde en sanglotant; sa fille est debout, et cherche à lui dérober ses pleurs.

La misère est là moins affreuse que la douleur; et sous ces lambris oubliés, il y a dans les traits, dans l'expression des figures dont se compose ce groupe, je ne sais quoi de pur et d'élevé qui redouble l'attendrissement. Ces infortunés connurent

---

[1] Tableau peint sur toile; hauteur 2 pieds 4 pouces, largeur 1 pied 10 pouces. Salon de 1822.

Ce tableau avoit été primitivement acheté par M. Odiot; mais S. A. R. madame la Duchesse de Berry, ayant manifesté le désir d'en orner sa galerie, ce riche amateur s'est empressé de l'offrir à Son Altesse au prix que le peintre y avoit mis lui-même.

UNE FAMILLE DANS LA DÉSOLATION.

sans doute l'opulence, mais le sort les a frappés; privés des dons de la fortune, ils vont perdre encore l'être chéri qui les aidoit, par son amour, par sa tendresse, à en supporter les rigueurs.

Dans cette scène de mansarde, on retrouve tout entier le beau talent de l'auteur du magnifique ouvrage de la *Justice céleste poursuivant le Crime*. C'est sa touche libre et franche, c'est son coloris pur et harmonieux. Il n'a point sacrifié à la minutieuse perfection de quelques détails l'intérêt de son sujet : il savoit que de tels soins refroidiroient son œuvre. Inspiré par son génie, guidé par son goût, il a fait passer sur la toile toutes les émotions dont son ame étoit remplie, et le spectateur attendri les partage involontairement.

La première pensée de cet ouvrage est due à mademoiselle Mayer. Elle avoit commencé le tableau d'*une Famille dans la désolation;* et quand ses pinceaux échappèrent à sa main glacée, son maître, son ami les ressaisit; et, consacrant ses regrets par un public hommage, il termina cette composition où l'on retrouve en effet toute l'expression d'un chagrin violent.

Pierre-Paul Prud'hon, membre de l'Institut et de la Légion d'honneur, reçut le jour à Cluny [2], en 1760, d'un père qui, pour faire exister sa femme et cinq enfants, n'avoit d'autres ressources que le mince produit de son travail : il étoit maçon. Une école gratuite étoit ouverte à Cluny. Prud'hon y fut admis, et bientôt il y montra un penchant irrésistible pour les beaux-arts. Ses cahiers étoient chargés de croquis à la plume pleins d'esprit et d'originalité; et, dirigé par sa main adroite, son canif, cherchoit dans un bloc de savon les figures de la Passion entière [3]. Chaque jour entraîné par son goût, le jeune Prud'hon tentoit de nouveaux essais. Son esprit industrieux lui faisoit trouver dans tout ce qui se présentoit à lui des moyens d'exécution. Les crins dont les brides des chevaux du pays sont ornées devenoient pour lui des pinceaux : les sucs des plantes et des fleurs lui offroient des couleurs variées.

La réputation d'un talent si précoce alla jusqu'à l'évêque de Mâcon. Il voulut voir cet ingénieux enfant, et lui reconnoissant en effet d'heureuses dispositions, il confia à M. Devosge, peintre de l'académie de Dijon, le soin de les développer. Sous ce maître, le jeune élève fit des progrès rapides. Cependant l'amour vint un moment le détourner de ses travaux. Dans l'inexpérience de l'âge, il contracta des liens

---

(1) Ce tableau, placé provisoirement au Musée royal, appartient à la ville de Paris.
(2) Département de Saône-et-Loire.
(3) Cet ouvrage, où le sentiment de la nature et de la vérité se montroit déjà, a été précisément conservé.

UNE FAMILLE DANS LA DÉSOLATION.

solennels, et il eut à remplir les devoirs de la paternité qu'il étoit à peine échappé aux jeux de l'enfance.

Alors un concours de peinture étoit ouvert à Dijon aux frais des états de Bourgogne : Prud'hon s'y présenta. Entré en loge, et se trouvant voisin de l'un de ses condisciples qui gémissoit de l'insuffisance de son talent, et qui ne pouvoit achever ce qu'il avoit témérairement entrepris, il courut à son secours. Une cloison les séparoit; une planche en fut détachée, ils communiquèrent ensemble, et en peu de jours Prud'hon termina le tableau de son camarade. Le prix fut décerné à celui-ci; mais sa conscience parla plus haut que son orgueil humilié : il fit connoître le véritable auteur du tableau couronné, et Prud'hon fut envoyé à Rome [1].

Pendant son séjour dans la métropole des arts, il se lia d'une étroite amitié avec Canova. Le caractère et le talent de ce dernier lui firent aisément apprécier le mérite du jeune peintre françois. Dès-lors il lui promit les succès qu'il a depuis obtenus. Cependant le terme de la pension de Prud'hon étant arrivé, Canova voulut le retenir à Rome. Il lui offrit généreusement d'acheter ses ouvrages, et de les placer dans ses ateliers pour les faire connoître aux étrangers. Prud'hon le refusa, et revint en France.

Réduit à peindre la miniature pour subsister, long-temps il vécut à Paris, obscur et malheureux. Toutefois le dessin de *la Cérès*, celui de *l'Amour réduit à la raison* [2], qu'il exécuta à la plume pour le comte d'Arlay, le firent alors avantageusement connoître. La fortune commençoit à lui montrer moins de rigueur, quand de nouveaux chagrins arrêtèrent son essor. Quelle que fût son activité, le produit de ses travaux ne pouvoit suffire aux besoins de sa famille devenue plus nombreuse; et quand son habile main traçoit les compositions gracieuses qui ornent les belles éditions de M. Didot, triste et désespéré, il végétoit dans la misère.

A cette époque, cédant aux instances de quelques amis qu'il avoit en Franche-Comté, il se rendit à Rigny, où il passa deux années. Il y fit un grand nombre de portraits, et quelques uns entre autres au pastel, admirables de couleur et de vérité. C'est dans ce lieu qu'il connut M. Frochot [3], qui depuis lui donna, dans toutes les circonstances, des marques d'un véritable attachement.

Revenu à Paris, recherché des gens les plus distingués dans la société desquels il portoit les charmes de son talent et de son esprit aimable, les plus jolis ouvrages

---

[1] Les élèves de l'académie, ses camarades, le portèrent en triomphe dans les rues de Dijon.
[2] Gravés par Copia.
[3] Ancien préfet du département de la Seine.

UNE FAMILLE DANS LA DÉSOLATION.

signalèrent son retour. Les dessins du *Gentil-Bernard*, et parmi ceux-ci, celui de *Phrosine et Mélidor* qu'il grava lui-même avec une extrême délicatesse, obtinrent les suffrages universels. Un prix d'encouragement lui fut alors décerné, et on lui accorda un logement au Louvre.

Mais ceux qui avoient le plus loué ses dessins, écoutant sans doute la voix de l'amour-propre irrité, critiquèrent amèrement ses premiers ouvrages à l'huile[1]. On l'abreuvoit de dégoûts, et, quand les étrangers applaudissoient à sa manière, quand ils recherchoient avidement ses productions, ses compatriotes lui refusoient de justes hommages.

Affligé de tant de rigueur, et livré d'ailleurs à des chagrins secrets dont son cœur généreux laissoit ignorer la cause à ses amis, il vit ses plus beaux jours s'écouler dans le deuil et dans l'inquiétude; sa santé même ne put résister au fardeau de ses peines, elle en fut visiblement altérée.

Cependant l'amitié d'une jeune personne, que Greuze avoit comptée au nombre de ses élèves, devoit encore faire connoître à Prud'hon le bonheur de la confiance et de l'intimité; elle devoit lui faire aimer et la vie et la gloire : c'étoit à mademoiselle Mayer, qui joignoit aux plus douces vertus le talent le plus naturel et le plus gracieux, qu'étoit réservé ce triomphe flatteur. Guidé par ses conseils, encouragé par ses éloges, il s'éleva aux plus sublimes conceptions. Alors parut sa belle page de *la Justice poursuivant le Crime*, qui le plaça au premier rang parmi les maîtres de notre école, et lui valut la récompense la plus précieuse à laquelle il pût aspirer : la croix d'honneur lui fut spontanément accordée[2].

L'Enlèvement de Psyché, un Zéphyre se balançant sur les eaux[3], des portraits nombreux, ceux du prince de Talleyrand, et de M. de Somariva, entre autres, consolidèrent successivement la réputation de M. Prud'hon, pour qui les portes de l'Institut s'ouvrirent glorieusement[4].

Tant de triomphes, des triomphes si mérités, l'amitié, la protection des plus illustres personnages, ne changèrent point son caractère modeste et plein de candeur. Il aimoit la retraite, et fuyoit l'éclat du monde. Il n'étoit sensible aux faveurs de la fortune que parcequ'elles pouvoient lui fournir les moyens d'embellir l'existence de ses enfants. Les éloges publics ne le touchoient guère; ceux qui seulement

---

(1) Son premier tableau, plein de beautés réelles, représentoit *la Vérité descendant sur la terre*.
(2) En 1808.
(3) Ces deux tableaux appartiennent à M. de Somariva.
(4) En 1816.

UNE FAMILLE DANS LA DÉSOLATION.

alloient à son cœur sortoient d'une bouche amie. Mais, hélas! qu'ils furent courts pour lui ces jours de félicité et de gloire!... Les fleurs dont l'amitié avoit semé la route où il s'étoit délicieusement oublié furent changées soudain en de noirs cyprès. Une mort horrible et sanglante lui ravit l'objet de ses plus pures affections! Mademoiselle Mayer mourut victime des combats que l'amour et l'honneur livroient à son ame pieuse et tendre!

De ce moment il s'abandonna sans réserve à une sombre mélancolie; et tous ses ouvrages en furent empreints. Retiré chez un ami généreux[1], il ne trouvoit qu'auprès de lui quelque allégement à ses chagrins. C'étoit en lui parlant sans cesse de l'objet de ses regrets qu'il croyoit les adoucir!... Vain espoir! Le trait aigu de la douleur déchiroit son ame, et le temps, loin d'apporter un remède à ses maux, les aigrissoit toujours.

« Oh! que la chaîne de la vie est pesante! disoit-il. Seul sur la terre, qui m'y re-
« tient encore? Hélas! je n'y tenois que par les liens du cœur, que par les sentiments
« affectueux. La mort a tout détruit!... Ma vie est le néant... J'erre dans le vide au
« milieu d'épaisses ténèbres dont l'espérance ne dissipe point l'horreur. J'attends la
« mort!... Viendra-t-elle bientôt mettre un terme à mes angoisses et me donner le
« calme où j'aspire? Tu n'es plus, toi, qui devois me survivre!... Et c'est à ton cercueil
« que s'attachent toutes mes peines, tous mes vœux[2]! »

Cette mort qu'il appeloit à toute heure, dont il attendoit les coups avec tant d'impatience, vint le frapper enfin, quand son talent, ayant acquis tout son développement, toute son énergie, sembloit nous promettre des chefs-d'œuvre nombreux.

Il venoit de terminer le tableau du *Christ*, où se déploie, avec la poésie du coloris, avec la liberté d'une touche moelleuse, et la correction du dessin, tout ce qu'un beau génie, uni à un talent flexible, peut produire d'admirable[3].

En travaillant à cette page sublime, M. Prud'hon sentit les atteintes de la maladie à laquelle il a succombé. Quand il reconnut le péril de son état, une ineffable joie se peignit sur tous ses traits. Il disoit à ceux qui pleuroient sur son sort : « Cessez de
« vous affliger; je vais enfin trouver le repos qui me fuit depuis long-temps. Je vais

---

(1) M. de Boisfremont.
(2) C'est textuellement ce qu'il écrivoit à sa fille.
(3) Destiné d'abord à la cathédrale de Strasbourg, ce tableau, grace aux soins des ministres de l'intérieur et de la maison du Roi, augmentera les richesses du Musée royal. Une copie en a été exécutée par M. de Boisfremont, dont le talent offre avec celui de son ami des rapprochements si frappants. Cette copie est digne de l'original; c'est le plus bel éloge que nous en puissions faire.

UNE FAMILLE DANS LA DÉSOLATION.

« rejoindre cet ange de bonté, cette amie dont les suffrages étoient si doux à mon
« cœur, et avoient tant d'empire sur mes destinées! Ne pleurez point, car vous pleurez
« mon bonheur. » C'est dans ces dispositions d'esprit, et plein d'une pieuse résignation, que M. Prud'hon mourut le 16 février 1823. Il expira dans les bras de M. de Boisfremont; et, portant sur celui-ci ses regards mourants, pressant ses mains de sa main glacée, il murmuroit encore: « Mon Dieu! je te remercie, la main d'un ami
« fidèle me ferme les yeux!... »

Ses dépouilles mortelles reposent, ainsi qu'il l'avoit demandé, près de celles de Marie-Françoise-Constance Mayer-la-Martinière.

Parmi les ouvrages que laisse ce peintre, on doit citer *la Vertu aux prises avec le Vice, la Raison parle, l'Amour entraîne;* un grand nombre d'allégories nobles, ingénieuses ou spirituelles; des vignettes charmantes, et notamment celles du roman de *Daphnis et Chloé;* le tableau de *Vénus et d'Adonis*, celui d'*Andromaque* qu'il n'a pu terminer [1], *l'Assomption de la Vierge* qui décore l'autel de la chapelle des Tuileries, et enfin plusieurs portraits envoyés à Munich et à Parme. Dans toutes ces productions on retrouve ce moelleux, cette grâce, ce naturel dont les œuvres du Corrège offrent des modèles si parfaits. Les tableaux du peintre italien étoient l'objet des continuelles méditations de M. Prud'hon. Il avoit pour ce maître une prédilection particulière. Sans cesse il revenoit vers ses ouvrages, il y cherchoit de nouvelles inspirations. On l'a vu arrêté pendant des heures entières devant la *Danaé* [2], en étudier les perfections, en détailler les beautés avec ce goût exquis, ce sentiment élevé dont l'avoit doué la nature. Aussi la postérité confirmera-t-elle le titre du CORRÈGE FRANÇOIS que Prud'hon a déjà reçu de ses contemporains. Ce titre est dû en effet à l'artiste qui s'est montré l'émule le plus distingué qu'ait eu jamais le gracieux peintre de l'école de Parme.

---

(1) Ces deux tableaux appartiennent à M. de Boisfremont.
(2) Ce chef-d'œuvre, de la plus belle conservation, et qui, après avoir appartenu à la reine de Suède, faisoit partie de la riche collection formée par le régent, connue sous le titre de *Galerie du Palais-Royal**, appartient aujourd'hui à M. le chevalier Bonnemaison.

* Voyez la *Description des Tableaux du Palais-Royal*, par Dubois de Saint-Gelais. Paris, d'Houry, 1727.

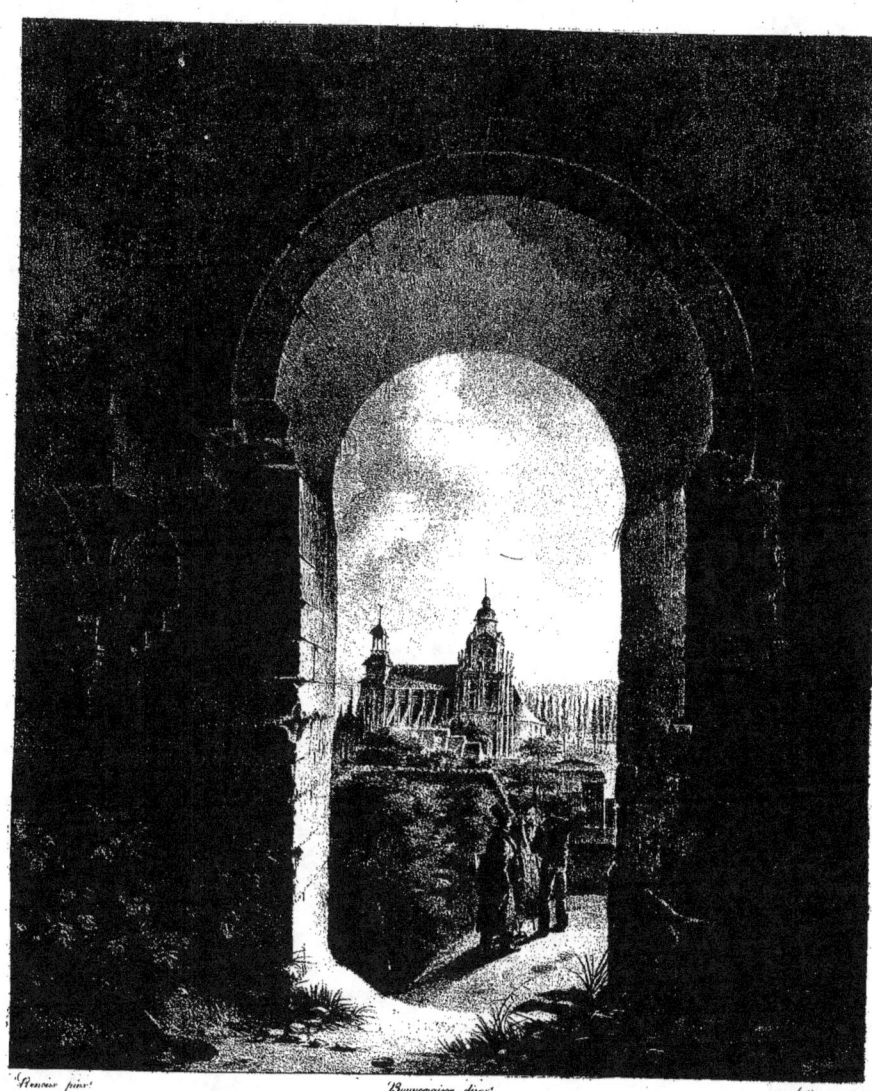

Vue extérieure de l'Église de Gisors.

VUE EXTÉRIEURE DE L'ÉGLISE DE GISORS[1],

PAR M. RENOUX.

Prise de la tour du château bâti par Guillaume II, dit *le Roux*[2], cette vue est portrait. Au mérite de l'exactitude locale, elle unit le charme de la couleur. La touche de ce petit tableau est facile; et l'effet qui résulte de l'opposition qui règne entre les fonds suaves et brillants, et les premiers plans, obscurs et vigoureux, est agréable et vrai.

Cette *Vue de l'Église de Gisors*[3], comme les autres ouvrages du même artiste, qui furent exposés au salon de 1822[4], est d'un travail soigné; le sentiment de la nature y domine. L'auteur semble être entré dans une bonne route, et nous devons applaudir à ses essais. Nous avons vu de lui quelques lithographies harmonieuses qui annoncent un crayon exercé à ce genre de dessin.

(1) Tableau peint sur toile en 1822; hauteur 1 pied 8 pouces, largeur 1 pied 4 pouces. Acquis par la Société des Amis des Arts, il est échu à S. A. R. madame la duchesse de Berry.

(2) Ce surnom lui fut donné à cause de la couleur de ses cheveux. Fils de Guillaume-le-Conquérant, il fut couronné roi d'Angleterre le 27 septembre 1087. Il se rendit odieux à ses peuples par ses prodigalités, ses rapines, et ses violences. Il n'épargna pas plus les biens de l'église que ceux des particuliers: aussi l'accuse-t-on d'impiété. C'est ce prince qui, courant délivrer le Mans dont ses ennemis faisoient alors le siège, et arrivant à Darmouth, où il s'embarqua pour les côtes de Normandie, répondit au pilote qui lui faisoit remarquer en tremblant qu'une tempête furieuse alloit les assaillir: « As-tu jamais ouï dire qu'un roi eût été noyé? » Guillaume-le-Roux fut tué à la chasse par Walter Tyrrel, l'un de ses favoris. Le meurtrier, bien que son crime fût involontaire, s'enfuit aussitôt en France : cet événement arriva au mois d'août de l'année 1100.

(3) Gisors, ville de Normandie, sur la rivière d'Epte, est nommée par les auteurs latins *Cæsortium*, *Cæsarotium*, et *Gisorium*. C'est entre Gisors et Trie que Philippe-Auguste et Henri, roi d'Angleterre, s'abouchèrent en 1188, et résolurent de prendre la croix pour délivrer les saints lieux des mains des infidèles.

(4) *Ruines du château Gaillard; Vue de Bercy; une Vue prise dans l'intérieur de l'Église de Louviers; un Intérieur gothique.*

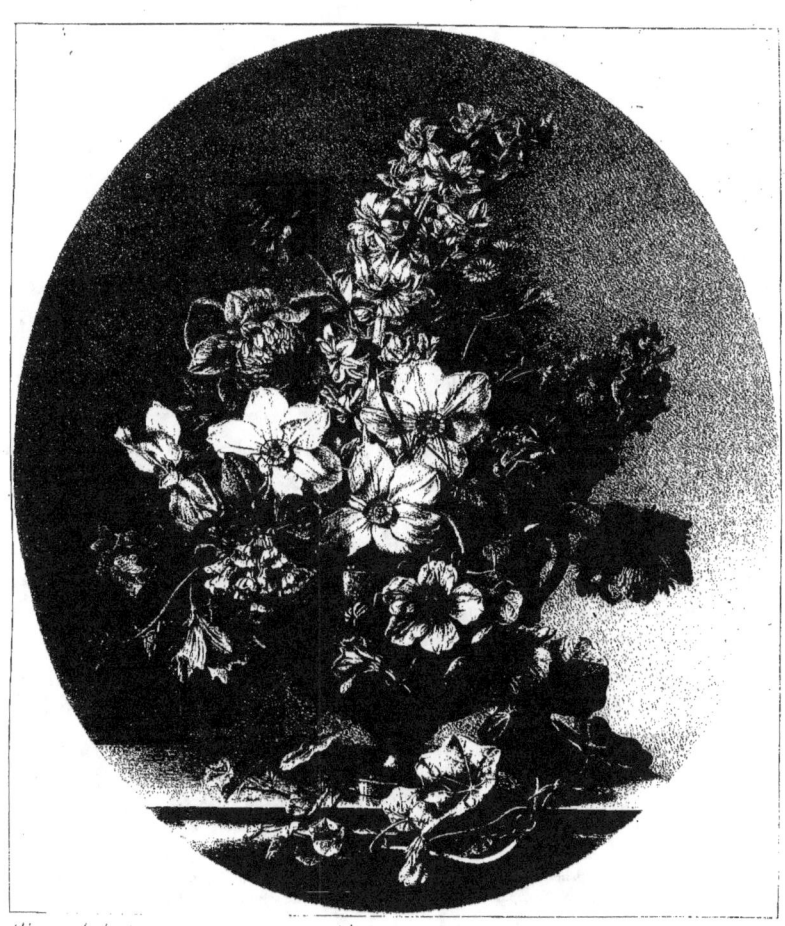

DES FLEURS DANS UN VASE[1],

PAR M. VANSPAENDONCK.

Les fleurs ont inspiré aux poëtes de tous les temps et de tous les lieux des vers charmants; et si l'on vouloit nommer tous ceux qui, depuis Anacréon jusqu'à nous, ont célébré ces filles du printemps, il faudroit presque citer tous ceux à qui les Muses ont souri.

Doux présents de la nature, elles se rattachent à notre vie entière. La piété en décore les temples; l'amour et la gaieté en tressent des couronnes; les amants les interrogent dans leur vague inquiétude[2]; la pudeur et la chasteté les reçoivent comme une récompense glorieuse[3]; l'hymen heureux en pare le berceau du nouveau-né, la douleur les effeuille sur la tombe d'une épouse chérie ou d'un père adoré....

Jamais le goût des fleurs, de tous le plus élevé et le plus délicat, qui s'allie à la mélancolie touchante comme à l'aimable enjouement, n'a été plus répandu que de nos jours. Honneur donc aux écrivains, aux poëtes, aux peintres, qui, par leur exemple et leurs leçons, ont porté les esprits vers cette étude charmante!

Parmi ceux dont les ingénieux ouvrages ont, à l'époque actuelle, contribué particulièrement à faire plus universellement aimer la science des fleurs, on peut citer sans doute M. Vanspaendonck. L'imitation des fleurs étoit l'objet de ses constantes méditations; il aimoit à saisir leurs couleurs fugitives, leurs formes éphémères; et ses habiles pinceaux donnoient en quelque sorte l'immortalité au bouton que l'au-

---

(1) Tableau de forme ovale, peint sur toile; hauteur 1 pied 5 pouces, largeur 1 pied 2 pouces.

(2) Voici comment s'exprime Bernardin de Saint-Pierre : On tire, l'un après l'autre, les pétales d'une fleur, en disant : *Il m'aime un peu, beaucoup, passionnément, pas du tout;* ainsi de suite jusqu'au dernier, et l'on tremble du mot sur lequel le cercle finira.

(3) M. de Fontanes a dit :

           . . . . Hélas! belle rosière,
           D'autres amis des mœurs doteront ta chaumière;
           Mes présents ne sont point une ferme, un troupeau,
           Mais je puis d'une rose embellir ton chapeau.

DES FLEURS DANS UN VASE.

rore avoit vu s'ouvrir, et qu'à son déclin le soleil trouvoit mourant sur sa tige renversée.

Unissant au talent le plus rare le caractère le plus aimable, M. Vanspaendonck savoit donner à ses leçons un attrait si flatteur, que d'innombrables disciples accouroient à ses cours pour l'entendre et pour l'imiter[1]. Tous vouloient s'instruire dans un art que ce vénérable professeur avoit embelli de tous les charmes de son talent et de son goût.

Dans le tableau dont nous offrons aujourd'hui la copie dessinée, il a réuni des narcisses, des anémones, des renoncules, une jacinthe, et d'autres fleurs de la saison. Voyez avec quel choix les nuances de ces fleurs sont assorties, avec quelle grace elles sont disposées!... Quelle flexibilité dans leur tige, quelle pureté dans leurs formes, quelle fraîcheur, quelle transparence ou quel velouté dans leurs feuilles! Comme elles se marient sans se confondre, comme l'air circule autour d'elles, comme l'ombre accuse leurs contours sans les cacher, comme elles vivent!... Tout est enchanteur dans cet ouvrage, parceque tout y est vrai, parceque tout y est exécuté sans système et sans contrainte; et que la nature, en fournissant les modèles, a donné au peintre le secret de les reproduire avec toutes leurs beautés[2].

---

(1) M. Brienne, l'un de ses élèves les plus distingués, et qui, dans plusieurs expositions, s'est fait connoître par de gracieuses aquarelles, a bien voulu se charger de lithographier le tableau du maître qu'il regrette encore. Celui que nous avons donné dans la huitième livraison avoit été également lithographié par lui.

(2) Un élève de Vanspaendonck écrivit un jour au bas d'un ouvrage de son maître:

>De tes pinceaux la savante imposture,
>Sans rien ôter à la riche nature
>De sa fraîcheur et de sa vérité,
>Sait embellir jusques à sa beauté.

Cet éloge ne sera point désavoué.

Bichebois pinx.
Bayot sc.

Gravés dans l'Hôtel de Ville.

ÉPISODE D'UN MARCHÉ AUX CHEVAUX[1],

PAR M. BELLAY.

Ce qui fait le mérite essentiel des tableaux du genre de celui-ci, c'est la vérité des détails unie à la franchise de la touche, le fini du travail joint à l'harmonie des tons. Aucune de ces qualités ne manque au gracieux tableau de M. Bellay; il s'est transporté à l'extrémité de l'une des rues de Lyon; il s'est arrêté devant la place où s'élève l'église d'Ainay, il y a vu la scène épisodique que ses pinceaux ont retracée sur la toile.

Le lieu, les édifices, les figures, tout est portrait dans cette composition. Le garçon maréchal, les maquignons, ont une expression si singulière et si vraie, il y a en eux une fidélité de mœurs et de costume si frappante, qu'il est impossible de ne pas s'imaginer que ceux qui ont fourni les modèles de ces têtes originales ne soient venus poser dans l'atelier du peintre.

Ce cadre, où les personnages et les chevaux sont dessinés avec correction, groupés d'une manière piquante, se fait remarquer encore par une habile exécution. Il n'y a que les fonds des derniers plans qui nous semblent manquer de légèreté et présenter des détails qu'il auroit fallu sacrifier; les lignes n'en sont pas assez vagues; quelques touches plus hardies auroient aussi donné peut-être plus d'effet et plus de ressort aux terrasses du premier plan.

M. Bellay est un jeune artiste plein de l'amour de son art; reconnoissant que les succès qu'il a obtenus lui imposent le devoir de faire de nouveaux efforts pour mériter les suffrages des gens de goût, il est venu se fixer à Paris afin d'y étudier de plus près la manière des maîtres de l'école actuelle, et les chefs-d'œuvre des anciens peintres. Des palmes nouvelles le paieront sans doute de la constance de ses travaux, de sa louable application, et de cette aimable réserve qui le prémunit contre les insinuations flatteuses de l'amour-propre, et favorise ses progrès. Il ne s'arrêtera point en chemin; son caractère et son talent le servent également bien pour le faire arriver au rang le plus distingué parmi les artistes dont l'école françoise reçoit quelque lustre.

(1) Tableau peint sur toile; hauteur 1 pied 2 pouces, largeur 1 pied 6 pouces. Salon de 1819.

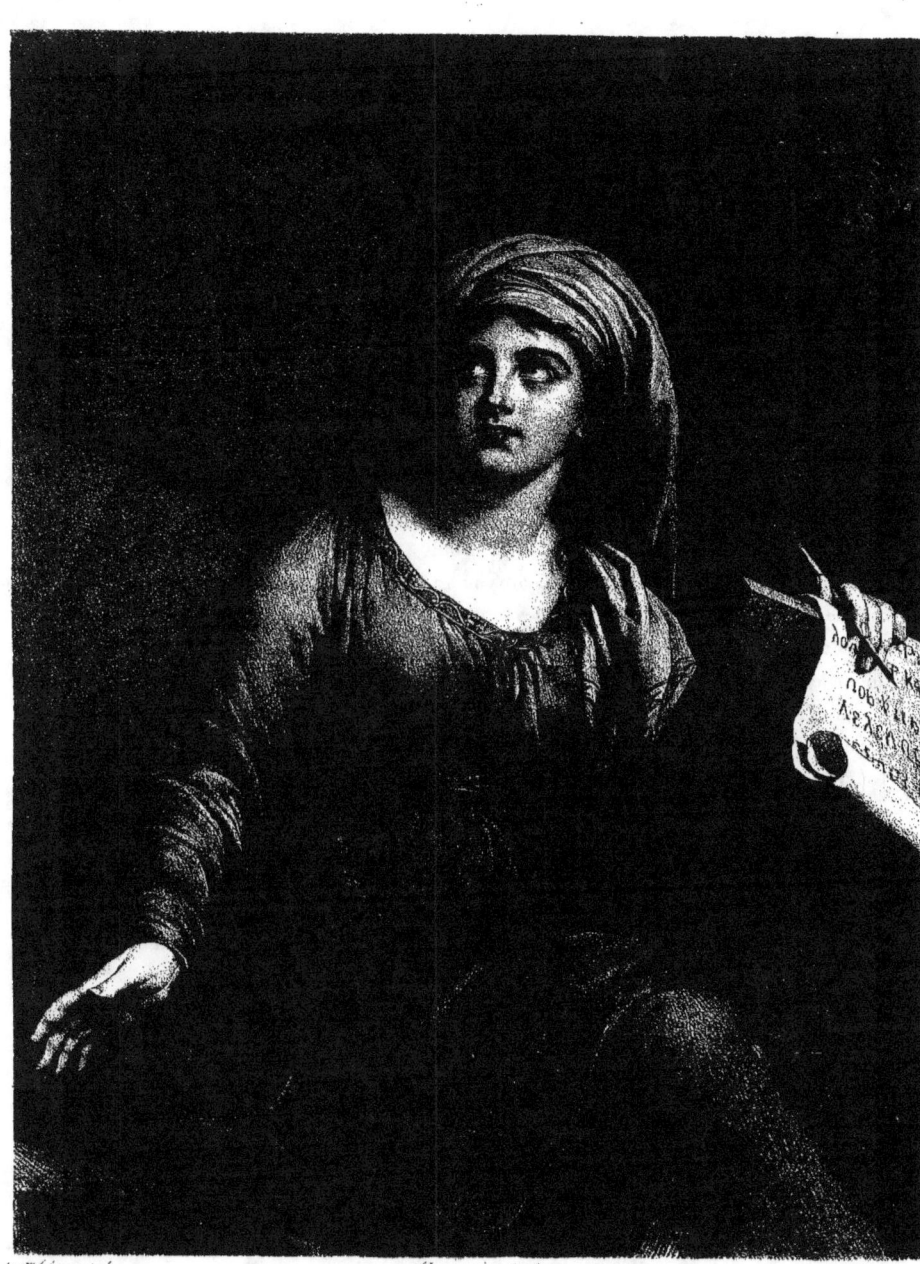

Lady Hamilton en Sibylle.

UNE SIBYLLE,

PAR MADAME LEBRUN[2].

Les sibylles jouoient un rôle fort important chez les anciens peuples. On n'entreprenoit rien sans les consulter d'abord. Leurs prédictions étoient des lois ; malheur à qui ne les suivoit pas ! Plusieurs de ces prêtresses acquirent une haute renommée. Les historiens, et notamment Pausanias, ont transmis à la postérité les noms de celles qui, soit à Delphes ou à Délos, soit à Claros ou à Cumes, furent révérées, redoutées comme les dieux dont elles se disoient les interprètes. La sibylle dont le brillant pinceau de madame Lebrun a retracé une si belle image, a, comme celles dont on lui a donné le costume dans ce tableau, obtenu une certaine célébrité, moins pourtant par des prophéties (car il n'est pas à notre connoissance qu'elle en ait jamais fait) que par la singularité de sa fortune. Il nous sera permis sans doute, avant d'examiner l'ouvrage du peintre, de tracer rapidement l'histoire du modèle.

Emma Lyon eut, dit-on, pour mère une pauvre servante. On n'est point d'accord sur le lieu ni sur l'époque de sa naissance. A l'âge de treize ans, elle entra comme gouvernante d'enfants chez un honnête bourgeois de Hawarden. Ennuyée de l'obscurité dans laquelle elle vivoit, et se flattant qu'à Londres elle pourroit se placer plus convenablement, elle se rendit dans cette ville. Elle avoit alors seize ans. Un détaillant du marché de Saint-James la reçut à son service : elle sortit bientôt de chez lui pour passer comme femme-de-chambre auprès d'une dame de bon ton. Dans cette nouvelle condition la lecture des romans occupa spécialement tous les loisirs d'Emma. Elle prit en même temps le goût des spectacles ; et, en étudiant les gestes, les inflexions des acteurs, elle parvint à exprimer avec une incroyable facilité tous les mouvements et

---

(1) Tableau peint sur toile; hauteur 4 pieds 3 pouces, largeur 3 pieds 1 pouce.
(2) Née Louise-Élisabeth Vigée ; de l'ancienne Académie de peinture.

UNE SIBYLLE.

les troubles de l'ame; mais ce genre de talent ne convenant point à sa maîtresse, celle-ci la renvoya.

Ce fut dans une taverne, où se rassembloient tous les artistes de la ville, que la belle Emma chercha de l'emploi. Elle resta, s'il faut en croire les mémoires de sa vie, innocente et pure à cette école du vice. Sa première foiblesse eut quelque chose d'honorable. Il s'agissoit de sauver un jeune Gallois, son parent, qui venoit d'être *pressé* sur la Tamise. Le capitaine mit à prix la liberté du matelot: Emma consentit à lui accorder ce prix desiré. Des bras de cet amant, qui lui donna des maîtres en tout genre, et cultiva avec soin son esprit naturel et ses heureuses dispositions, elle passa dans ceux du chevalier Feathersonhaugh. Fatigué des hauteurs de sa belle conquête, le chevalier au bout de quelque temps rompit avec elle.

Emma, abandonnée, sans ressources, descendit au dernier degré de l'avilissement. Un hasard étrange la tira de cet abyme d'infamie et de misère: le docteur Graham la vit; il s'en empara, et la montra, à peine recouverte d'un léger voile, aux curieux empressés, sous le nom de la déesse *Hygea*. Les peintres, les sculpteurs accoururent en foule offrir le tribut de leur admiration à l'autel de la déesse de la santé, et se plurent à reproduire cette divinité nouvelle sous toutes les formes et dans toutes les attitudes. C'est à cette époque que les charmes d'Emma subjuguèrent Charles Gréville de l'antique famille des Warwick.

Il étoit, dit-on, sur le point d'épouser l'aimable enchanteresse, lorsque, en 1789, il fut subitement ruiné et dépouillé de ses places. Dans sa détresse, il s'imagina qu'il pourroit obtenir des secours de son oncle, sir Williams Hamilton, alors ambassadeur à Naples, si sa chère Emma plaidoit sa cause auprès de celui-ci.

Emma part; elle arrive à Naples, elle se présente à sir Hamilton, qui consent à payer les dettes de son neveu, à la condition qu'Emma lui restera. Le traité fut conclu sans difficulté.

Quoique miss Lyon mît dans sa conduite beaucoup d'adresse et de réserve, quoiqu'elle eût déja ce vernis du grand monde, ces connoissances superficielles qui en imposent au vulgaire, les nobles Napolitains, sans affecter des mœurs trop sévères, refusoient de voir la maîtresse de l'ambassadeur. Alors emporté par son aveugle amour, sir Hamilton se détermina à l'épouser; et ce fut au printemps de 1791 qu'il fit exprès le voyage d'Angleterre pour consacrer cette union.

De retour à Naples, lady Hamilton, présentée à la cour, fut bientôt admise dans l'intimité des plus augustes personnages. Tout rendoit hommage à l'idole nouvelle: le

UNE SIBYLLE.

héros de l'Angleterre, Nelson, vint lui-même se ranger parmi les esclaves de cette dangereuse beauté.

Nous ne suivrons point lady Hamilton dans sa carrière politique. Nous dirons seulement que son influence fut dans quelques occasions contraire aux intérêts de la France. Après la mort de son époux, après celle de son illustre amant qui périt à Trafalgar, vouée en quelque sorte au mépris public, elle dissipa promptement les biens qu'elle tenoit de son mari et de la générosité du père de miss Nelson, sa fille. Abandonnée, presque oubliée, car on ne se rappeloit plus d'elle que pour parler ou de l'art avec lequel elle se drapoit soit en Romaine, soit en fille de Lévi, ou de la grace avec laquelle elle exécutoit la danse volupteuse du schall, qu'elle avoit inventée, elle se retira dans une ferme près de Calais, où elle mourut le 16 janvier 1815.

Madame Lebrun a peint successivement lady Hamilton sous les traits d'une bacchante, d'une Madeleine, et d'une sibylle[1]. C'est ce dernier portrait dont nous offrons la copie dessinée. La pose en est noble et simple; l'expression de la tête est admirable, c'est celle d'une inspirée. Il y a dans cet ouvrage un faire large et vigoureux, une pureté de contours, un jeté dans les draperies, un coloris brillant et harmonieux, enfin une fierté de pinceau, qui rappellent les beaux temps de l'école italienne.

Le mérite de ce tableau est d'autant plus remarquable qu'à l'époque où il fut fait l'école françoise commençoit à peine à s'éloigner de la mauvaise route que les peintres du siècle de Louis XV lui avoient fait prendre. Le genre des Vanloo, des Boucher, étoit encore en vogue. Il falloit donc cette supériorité d'esprit, ce sentiment du vrai beau, dont madame Lebrun est douée, pour s'élever tout-à-coup au-dessus des préjugés de la mode. Dès ses débuts elle montra dans ses compositions et dans sa manière de peindre cette fermeté de dessin, cette simplicité de formes, qui distinguent les productions de l'école d'Italie. Elle donna presque la première l'exemple d'une sage réforme dans ce luxe d'ornements et de bagatelles bizarres dont quelques peintres françois, esclaves du mauvais goût de l'époque, avoient jusque-là, et depuis trente années, surchargé leurs ouvrages.

L'exemple de madame Lebrun fut bientôt suivi; et elle a peut-être plus qu'aucun autre maître contribué aux heureux changements qui se sont opérés dans la manière de l'école françoise.

Parmi les beaux ouvrages qu'on doit au pinceau de cette dame, nous citerons le

(1) L'un de ces portraits, payé à madame Lebrun 100 guinées, fut revendu 300 par sir Hamilton, dont l'avarice contrastoit singulièrement avec la folle prodigalité de sa femme, à laquelle il sembloit applaudir.

UNE SIBYLLE.

portrait de l'infortunée Reine MARIE-ANTOINETTE, au milieu de ses enfants, qui vient d'être reproduit pour le Roi par les soins des habiles ouvriers des Gobelins; celui de Georges IV (alors prince de Galles), fait à Londres ; un autre de la belle mademoiselle de Kinsky, fait à Vienne, et qui valut au peintre les plus honorables suffrages ; un grand tableau représentant l'Impératrice mère d'Alexandre Ier ; les portraits de la princesse Dolgorousky, de la comtesse Souboff, et ceux de la famille du baron de Strogonoff, exécutés à Saint-Pétersbourg ; un portrait de l'auteur et de sa fille ; enfin celui de Paësiello admiré de tous les connoisseurs, et celui, peut-être plus admirable encore, de miss Pitt, que madame Lebrun peignit à Rome. On peut dire que dans toutes les cours où cette dame a été accueillie avec une juste distinction, elle a laissé des monuments de son beau talent, comme pour attester la supériorité de l'école à laquelle elle fait personnellement tant d'honneur.

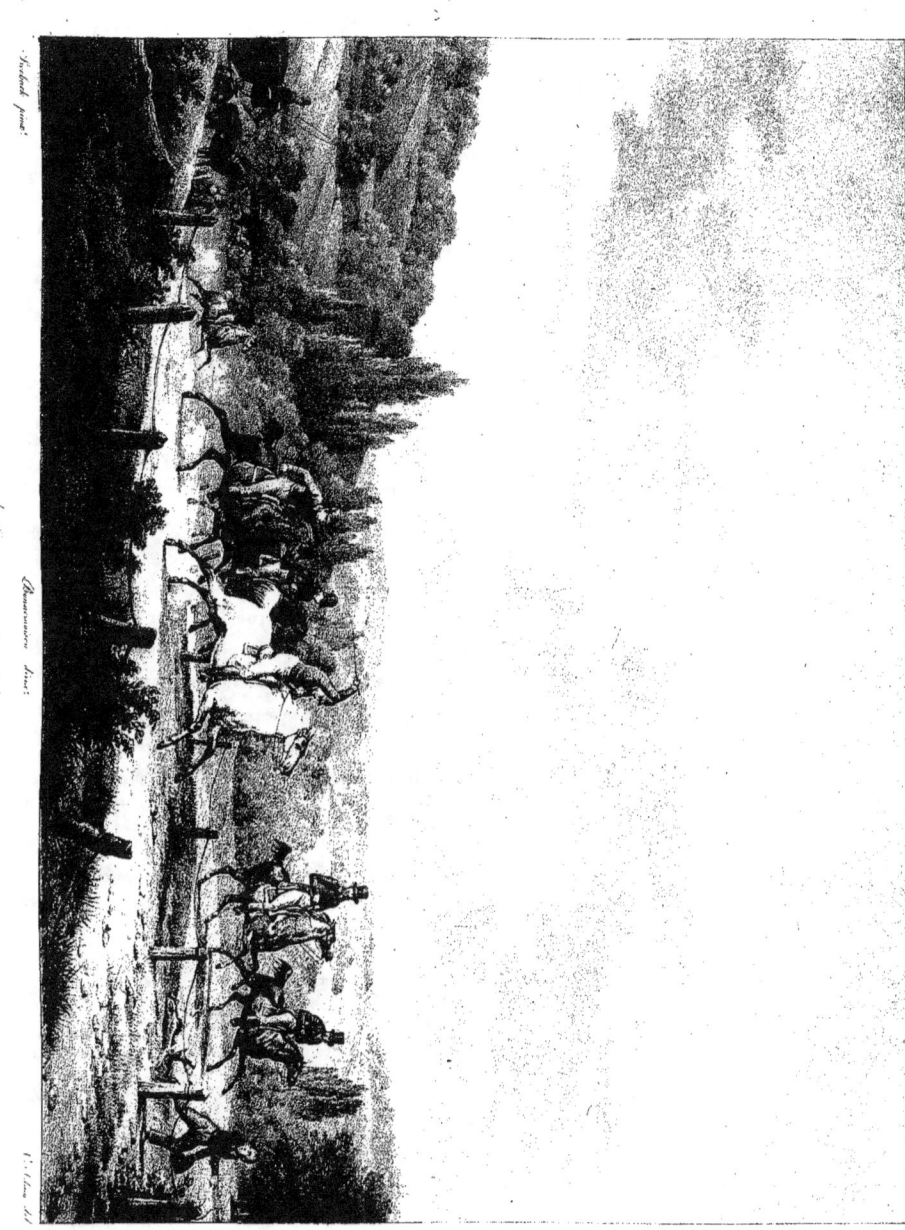

Course de Chevaux

UNE COURSE DE CHEVAUX[1],

PAR M. SWEBACH, DIT FONTAINE.

Fruit d'un agréable pinceau, ce petit cadre est remarquable par la finesse et l'esprit de la touche et par la légèreté des fonds; mais la couleur en est un peu monotone; et les chevaux, placés sur le premier plan, pourroient être d'un dessin plus correct et plus ferme. Nous ne nous permettons d'ailleurs ces observations que parceque l'artiste lui-même a pris le soin de nous rendre difficiles sur ses propres ouvrages, en nous offrant à chaque exposition des tableaux nouveaux où la grace, l'esprit de la composition, s'unissent à une exécution parfaite.

Au reste remercions le sort de nous avoir renvoyé M. Swebach du fond de la Russie, où les vœux et la munificence d'un auguste monarque l'avoient attiré. En se retrouvant sous le ciel de son heureuse patrie, parmi ses anciens amis, ses vieux compagnons de gloire, il a repris un nouvel essor, et nous a rendu les trésors que son absence nous faisoit regretter. Son imagination et ses pinceaux, loin d'avoir souffert des rigueurs d'un climat étranger, semblent avoir acquis un nouveau développement, et ses dernières compositions doivent peut-être quelques uns de leurs effets pittoresques aux souvenirs qu'il a rapportés de son voyage. Toutefois, riche de son propre fonds, qu'il n'aille plus chercher des inspirations sur de lointaines plages. Il n'en trouvera nulle part de plus nobles, de plus aimables, de plus douces qu'en France[2].

---

[1] Tableau peint sur toile; hauteur 1 pied, largeur 1 pied 3 pouces.
[2] Les aquarelles de M. Swebach et ses peintures sur porcelaine ne sont ni moins estimées ni moins recherchées que ses charmants tableaux.

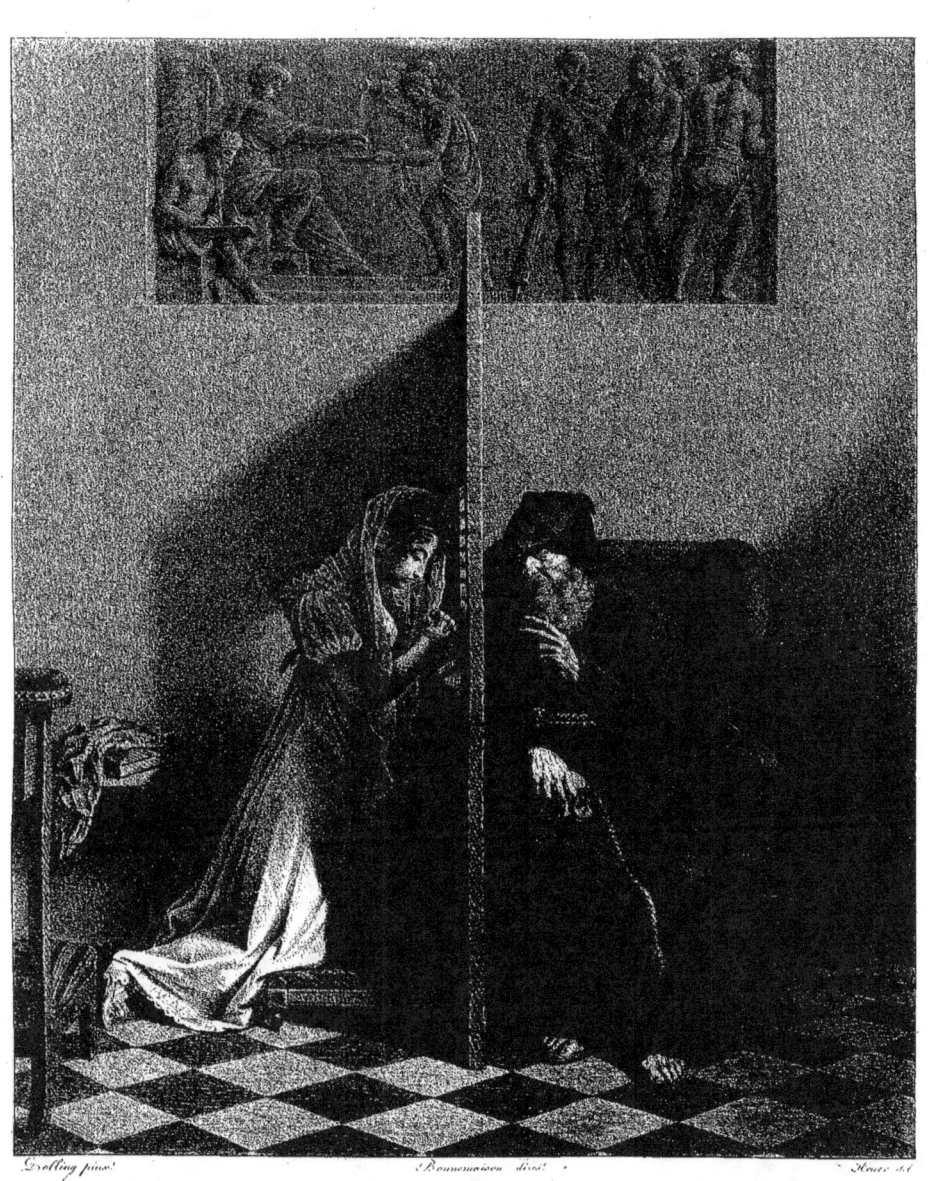

Le Confessionnal

LE CONFESSIONNAL[1],

PAR M. MARTIN DROLLING.

Esprit et naturel, grace et facilité, voilà ce que l'on trouve dans tous les ouvrages de Drolling, et peut-être plus particulièrement encore dans le petit tableau qui, sous le titre de *Confessionnal*, parut au Salon de 1814. D'une composition tout-à-fait originale, d'un coloris et d'un effet piquants, d'une touche élégante et rapide, il réunit tous les suffrages. La physionomie du vieux confesseur si vraie, si pleine de bonhomie, celle de la jeune pénitente si douce, si ingénue, les jeux singuliers de la lumière répandue sur la partie du cadre où cette dernière figure est placée, enfin la manière dont, sous le rapport de l'art, cette production est traitée, durent en effet fixer l'attention des amateurs éclairés et des gens du monde. Spirituel dans le choix même des accessoires dont il fait usage, le peintre a placé au-dessus du confessionnal un bas-relief représentant le moment où Jésus, amené devant Pilate, celui-ci se lave les mains des outrages faits à l'Homme-Dieu... Le vénérable capucin, en ordonnant à la timide pécheresse de réciter son *meâ culpâ*, et se rappelant les aveux naïfs qu'elle vient de laisser échapper, se redit peut-être à lui-même ce que Pilate répondit aux Juifs!...

(1) Tableau peint sur toile en 1813; hauteur 2 pieds 2 pouces, largeur 1 pied 9 pouces.

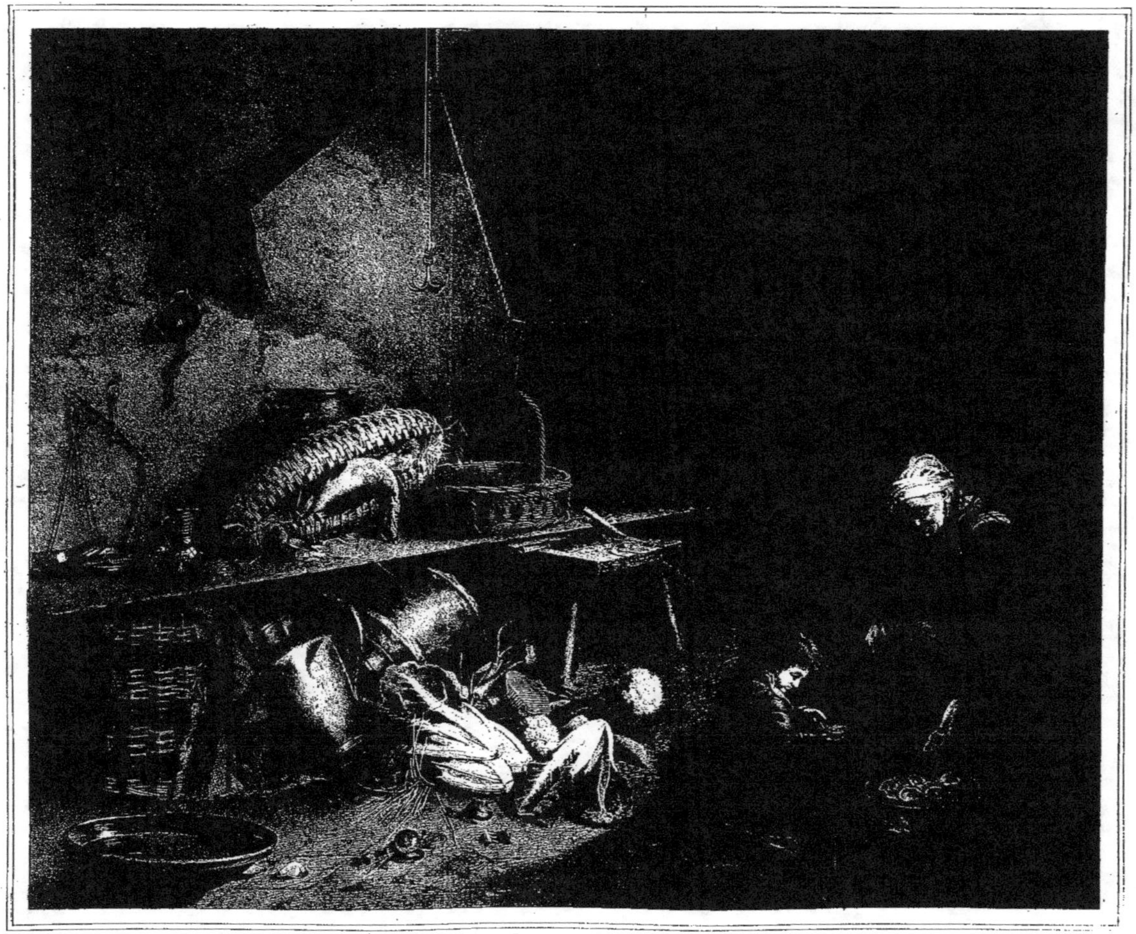

Mlle Jenny Legrand pinxt. | Bonnemaison direxit. | J.P. Arnout del.

Intérieur de Cuisine.

INTÉRIEUR D'UNE CUISINE[1],

PAR MADEMOISELLE JENNY LEGRAND.

Ce tableau est tout-à-fait dans la manière des Flamands; c'est leur goût d'ordonnance et d'exécution, c'est leur touche délicate et soignée : on les retrouve jusque dans les moindres détails. Cette vaste Cuisine a dû être le théâtre des joyeuses saturnales de quelques gais buveurs : aujourd'hui elle est déserte et silencieuse. Cependant on y voit encore une vieille femme qui rit du dégoût qu'éprouve un jeune enfant à la vue d'huîtres ouvertes qu'elle lui présente; mais ces figures ne sont, à vrai dire, qu'un mince accessoire du tableau; l'objet principal, celui qui attire exclusivement les regards, c'est la table dont un bout est appuyé sur un banc et l'autre sur un panier défoncé d'où sort un lambeau de tapisserie. Sur cette table on a laissé une cruche, un panier fermé, une bourriche entr'ouverte et remplie de volaille et de gibier, un pot de verre, des taumates; dessous, des vases de cuivre et de ferblanc, des légumes d'espèces diverses sont jetés en désordre; sur le premier plan on remarque un large plat de terre à moitié plein d'eau. Tous ces objets de nature morte, dont l'effet est bien rendu, sont traités avec beaucoup de soin, et d'une extrême fidélité d'imitation. Quelque précieux qu'en soit le travail, il n'a rien de sec ni de lourd. La couleur de cet ouvrage est argentine, le faire annonce un pinceau habile à reproduire ce genre de détails; tout est fin et bien peint dans ce cadre; mais peut-être que plus de lumière, plus d'éclat dans le coloris, auroit donné à tout ce qu'on y découvre et plus de valeur et plus de relief. Au reste, et quoiqu'on puisse sans doute signaler quelque incorrection dans le dessin des deux figures groupées sur le premier plan à gauche, cette production est de l'aspect le plus agréable, gracieuse dans son ensemble, et charmante dans ses détails.

[1] Tableau peint sur bois; hauteur 1 pied 5 pouces, largeur 1 pied 8 pouces 6 lignes. Salon de 1819.

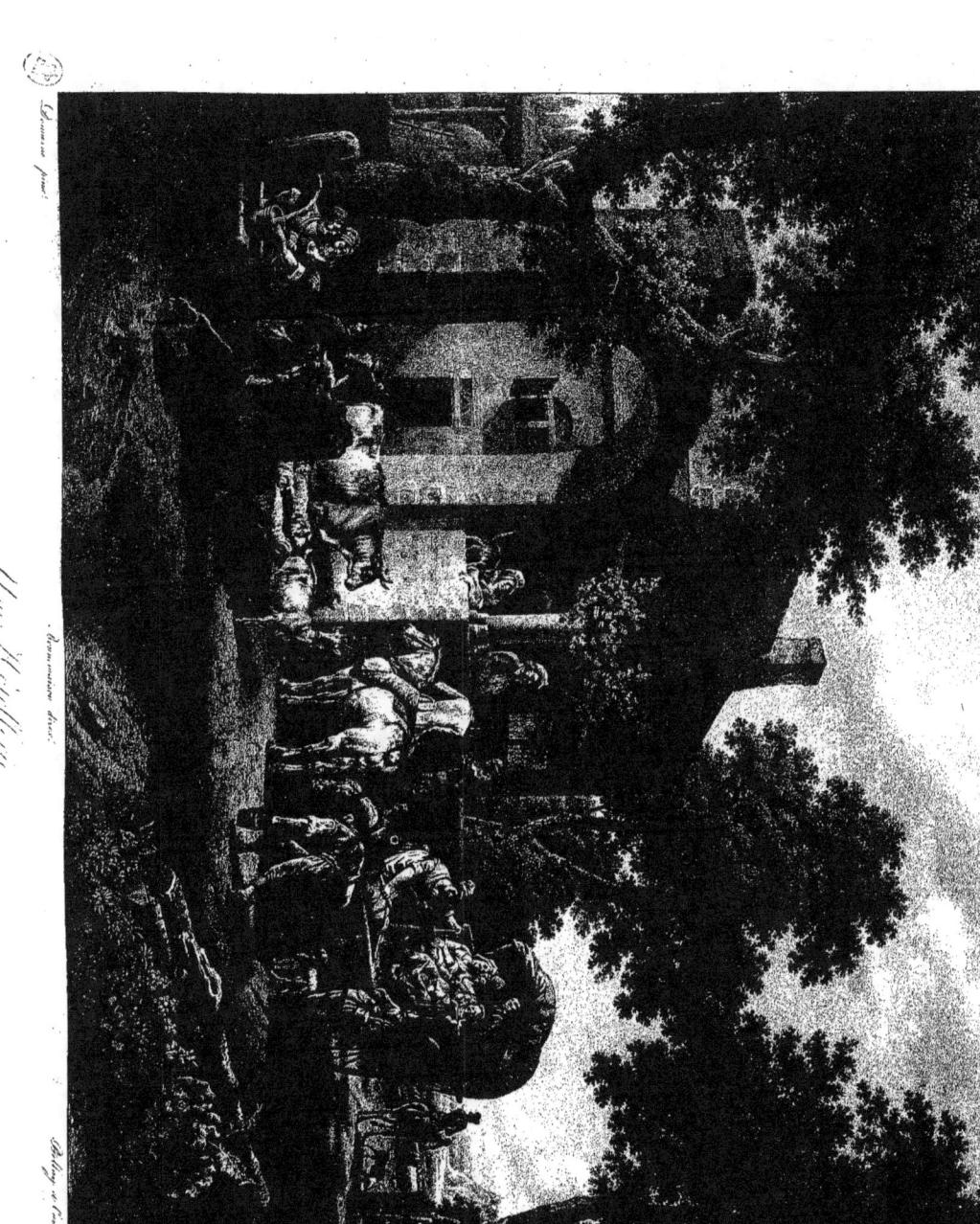

UNE HOTELLERIE[1],

PAR M. DEMARNE.

Un grand nombre de figures animent cette scène villageoise. Là, c'est l'hôte qui, du haut du rustique perron de sa maison, parle à un voyageur campagnard monté sur un cheval blanc; derrière lui c'est sa femme qui caresse un chat, ce sont deux paysans qui entrent dans l'intérieur de la maison, c'est une servante qui descend l'escalier; au-dessous du perron, c'est une famille entière amoncelée sur une charette couverte attelée d'un seul cheval auquel un garçon de la ferme donne à boire; plus en avant, à droite, c'est un pâtre qui s'entretient gaiement avec deux jeunes filles arrêtées près d'une auge où elles ont puisé de l'eau et où le troupeau du berger vient de se désaltérer; ailleurs tout-à-fait dans l'éloignement, c'est un cavalier vu de dos qui poursuit sa route.

Tous ces personnages, qui forment la partie essentielle du tableau, sont groupés avec esprit et présentent des masses pittoresques, ils ont du mouvement, de la physionomie, et sont respectivement bien en scène. Cette portion de l'ouvrage ne mérite que des éloges, soit sous le rapport du coloris et de l'exécution, soit sous celui de la variété des poses. Le paysage est moins heureusement traité; le ciel manque de transparence, et les arbres semblent péniblement peints. Cependant les lointains sont d'une touche légère et fine, et les tons des fabriques des premiers plans sont vigoureux et chauds; il y a d'ailleurs du soleil dans ce cadre dont l'ensemble est d'un aspect agréable et piquant. Les figures et les animaux placés dans ce tableau ont été reproduits par le crayon pur et facile de M. Bellay qui chaque jour acquiert de nouveaux droits aux suffrages éclairés des amis des arts, par la vérité et la correction de son pinceau. La nature qu'il étudie constamment paroît ne plus lui dérober aucun de ses secrets. Nous ne pouvons qu'applaudir aux succès de ce jeune artiste et l'engager à ne point s'éloigner de la route qu'il suit maintenant.

(1) Tableau peint sur toile; hauteur 1 pied 6 pouces, largeur 1 pied 10 pouces. Acheté par la Société des Amis des Arts, et échu par le sort à S. A. R. Monsieur; il a été donné par ce prince à madame la duchesse de Berry.

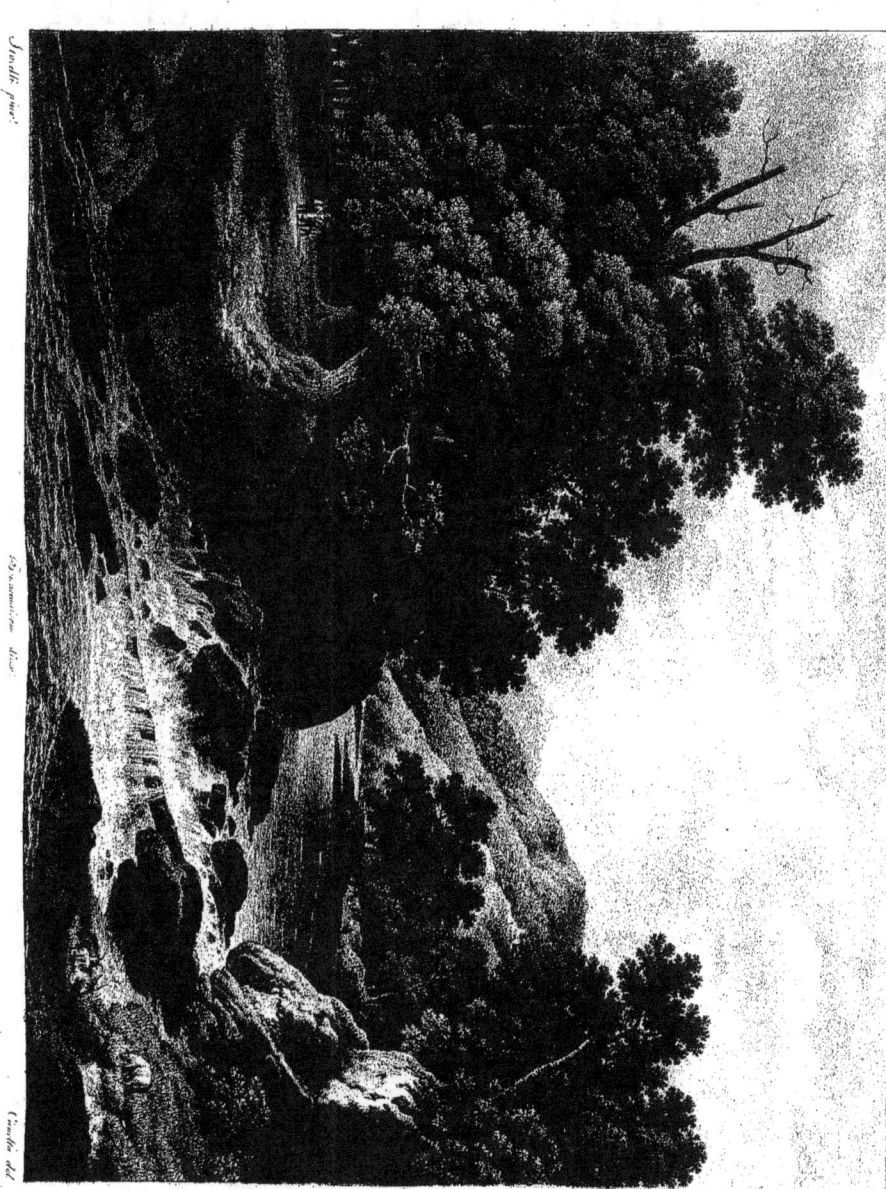

Vue prise de Chivi en Piémont.

VUE PRISE DANS LES ENVIRONS DE CHIERI[1],

(PIÉMONT),

PAR M. STORELLI[2].

Des montagnes, dont les cimes dentelées empruntent les couleurs incertaines des nuages qui flottent autour d'elles, bornent l'horizon; à leur pied s'étendent les eaux paisibles et transparentes d'une rivière parsemée de petites îles où fleurissent des arbres verdoyants; mais bientôt des rochers, qui occupent les premiers plans du tableau, et dont d'énormes blocs ont encombré, dans cet endroit, le lit du fleuve, s'opposent à son passage : ses flots, blanchissants d'écume, frappent les parois des rochers, et dans leur chute impétueuse entraînent avec eux et de nouveaux débris et des arbres déracinés. A droite, un bois d'une belle végétation se prolonge sur l'un des rochers qui resserrent entre eux les eaux du torrent. Un gazon frais couvre le sol. Une route sinueuse est tracée sous les berceaux épais formés par les arbres, et une lumière mystérieuse y glisse ses vagues rayons.

Tel est l'ensemble de ce paysage agreste dont le coloris a de la fraîcheur et de la suavité. La touche en est délicate et moelleuse; les rochers, les eaux, sont traités avec infiniment d'adresse et une grande vérité d'imitation; les masses sont bien disposées : il y a beaucoup d'air et de profondeur dans ce cadre, et la lumière y est pittoresquement distribuée.

M. Storelli, qui depuis 1802 est venu se mêler aux peintres de notre école, a exposé plusieurs ouvrages dont quelques uns ont passé des salles du Louvre dans la galerie de S. A. R. madame la duchesse de Berry[3], et dans celle de Mgr le duc d'Orléans, dont ils ne sont pas l'un des moindres ornements.

---

(1) Tableau peint sur toile en 1823; hauteur 1 pied 10 pouces, largeur 2 pieds 4 pouces.
(2) Né à Turin, élève de Palmieri, et membre de l'académie de peinture de Parme.
(3) Il est maître de dessin de cette princesse.

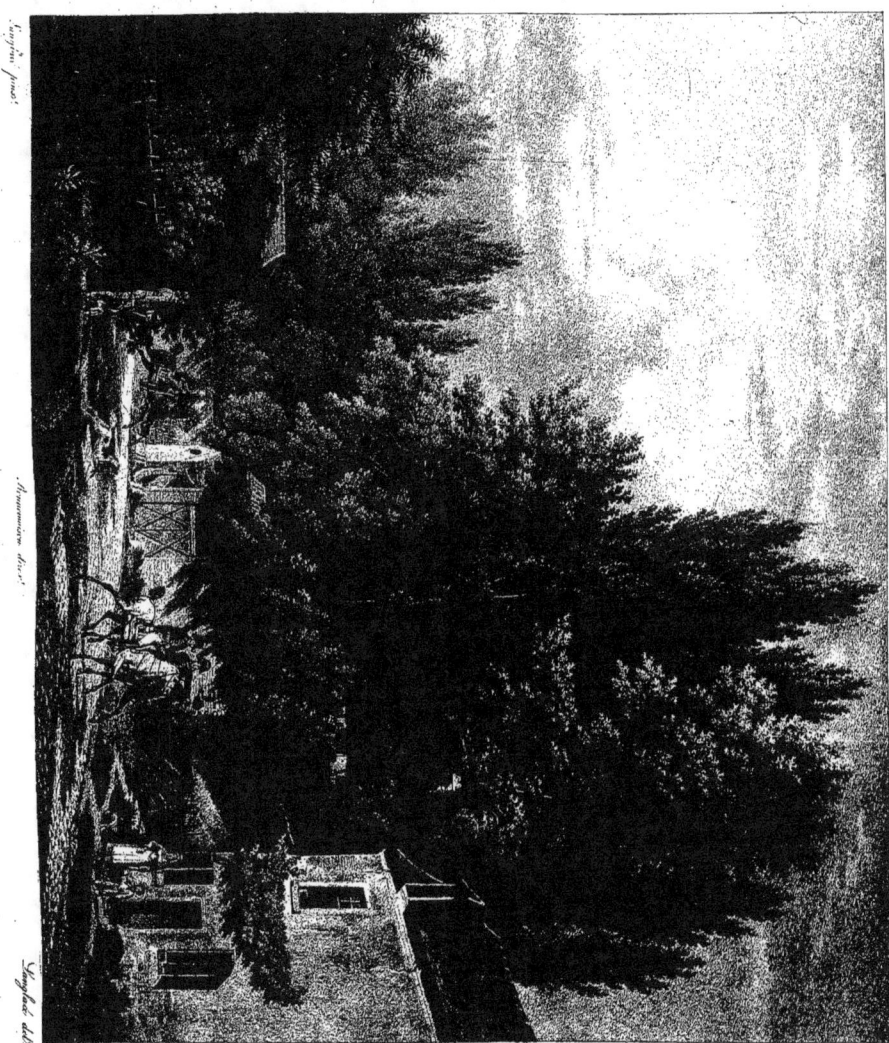

Lanfant pinx.   Baumeister direx.   Langlumé lith.

Vue prise à Villé-d'Avray.

VUE PRISE A VILLE-D'AVRAY[1],

PAR M. LANGLACÉ.

La plupart des cadres de M. Langlacé n'offrent que des sites connus. Habile dans l'art de les choisir, il les reproduit sur la toile avec une extrême fidélité.

Dans la vue prise à Ville-d'Avray, la fontaine du Roi, et la petite chaumière qui termine sur ce point les jardins du château de ce village[2], forment la masse principale du tableau. A droite, la maison d'un paysan ; à gauche, les murs d'un jardin et des arbres touffus dont les rameaux étendent au loin et marient ensemble leurs feuillages variés, complètent cet ouvrage.

Les plans de ce paysage, dont l'horizon est très borné, sont bien disposés et reçoivent du jeu de la lumière et des ombres de pittoresques effets. Les figures qui animent la scène sont non seulement touchées avec esprit, mais encore elles ajoutent de l'intérêt à l'aspect local. Dans l'une d'elles on reconnoît l'air de tête et la tournure de S. A. R. Monseigneur le Duc de Berry, qui sourit avec bonté à une paysanne et à son fils, arrêtés sur le chemin pour le saluer à son passage.

Le coloris de ce tableau est chaud et vigoureux. Il manque cependant de légèreté, et c'est sur-tout dans le ciel et dans le feuillé des arbres que ce défaut se fait sentir. Néanmoins, il y a dans cette production une telle fraîcheur de pinceau, une telle vérité de lieu, que son ensemble est de l'aspect le plus aimable et le plus heureux.

Attaché à la manufacture royale de Sèvres, M. Langlacé a peint sur porcelaine un très grand nombre de paysages où il s'est plu à retracer presque tous les endroits qui sont souvent honorés de la présence de nos princes. On lui doit encore quelques lithographies où il a fait preuve, comme sur la toile et sur l'émail, d'un agréable talent.

[1] Tableau peint sur bois; hauteur 1 pied 8 pouces, largeur 2 pieds.
[2] Le château appartient aujourd'hui à M. Boulard.

Vue du Cimetière de l'Église de Leyns.

VUE DU CIMETIÈRE DE L'ÉGLISE DE ROYAT[1],

PAR M. REGNIER[2].

La couleur et la touche de ce tableau sont également remarquables, l'une par sa vigueur, l'autre par sa franchise et sa fermeté. Le peintre, ayant à représenter des localités connues, ne pouvoit se soustraire à l'obligation qui lui étoit imposée de les retracer avec fidélité; et dès-lors il n'est point possible d'examiner s'il devoit disposer ses masses d'une manière plus ou moins pittoresque, étendre son horizon pour donner plus d'air à son paysage : des bornes lui étoient fixées; il ne lui étoit pas permis de les franchir; mais s'il n'a pu suivre les inspirations de son imagination créatrice, il a su du moins distribuer dans ce cadre l'ombre et la lumière de manière à produire l'effet que l'on cherche toujours dans une scène de ce genre. Quelques rayons du jour s'échappent à peine à travers des nuages lugubres, et viennent répandre sur la partie inférieure des vieux murs de l'église une clarté douteuse; les pierres grossières qui recouvrent les dépouilles des humbles citoyens qui dorment dans cet asile de la paix, sont tout-à-fait dans la demi-teinte; près des murs en ruines du cimetière, au-dessus desquels croissent quelques plantes odorantes et sauvages, s'élèvent les toits hospitaliers de maisons habitées : tout cela est simple et naturel; tout cela se rencontre à tout moment et par-tout, et cependant tout cela dans le tableau de M. Regnier offre je ne sais quel charme mélancolique qui arrête la pensée et produit sur l'esprit une vive impression[3].

(1) Tableau peint sur toile; hauteur 1 pied 6 pouces, largeur 2 pieds 2 pouces. Salon de 1822.
(2) Né à Paris, élève de M. Bertin.
(3) Les ouvrages les plus capitaux de M. Regnier sont *la Découverte du Tombeau du roi Arthur* (qui fait partie de la galerie du Luxembourg), plusieurs *Vues* d'après nature qui appartiennent à monseigneur le Duc d'Orléans, et un très beau tableau d'une *Vue de Royat*, acheté en 1822 par la Société des Amis des arts.

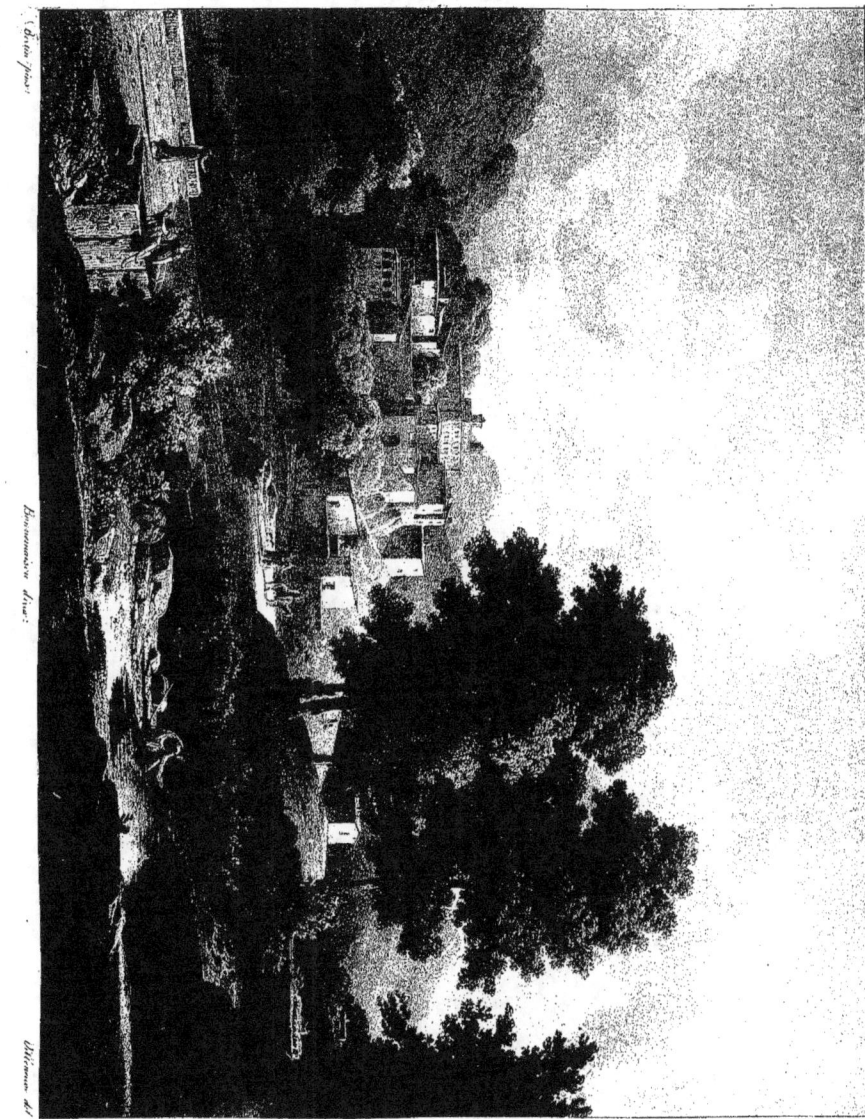

Vue d'une ville dans la Sabine.

VUE D'UNE VILLE DANS LA SABINE,

AU SOLEIL COUCHANT[1],

PAR M. BERTIN.

La ville occupe les plans intermédiaires du tableau : un vieux pâtre, à droite, rafraîchit ses pieds, déchirés par le sable brûlant de la plaine, dans les eaux d'un torrent : une route est percée sur la gauche ; j'y vois une femme qui se rend à la ville : deux voyageurs se reposent sur le bord du chemin : au-dessous des maisons, s'étend un rideau d'arbres dont la cime est dorée par les derniers feux du jour ; au-dessus, s'élèvent des coteaux brisés dont les contours se dessinent sur un ciel embrasé : tel est l'ensemble de ce site magnifique, qui emprunte du soleil mourant une couleur, une pompe admirables. Tous les effets de l'ombre et de la lumière sont rendus dans ce tableau avec une extrême vérité d'imitation, et l'art, rival de la nature, y produit l'illusion la plus complète.

Aux plus riches détails, à une ordonnance grande et large des plans, à une savante distribution des masses, cet ouvrage réunit un coloris vigoureux, une touche hardie, un sentiment vrai de la nature. Quand le temps aura peint cette belle production, elle pourra sans doute figurer avec éclat parmi les chefs-d'œuvre des écoles les plus renommées, qui forment aujourd'hui l'ornement de nos musées et des palais de nos rois.

(1) Tableau peint sur toile; hauteur 2 pieds, largeur 2 pieds 8 pouces. Salon de 1814.

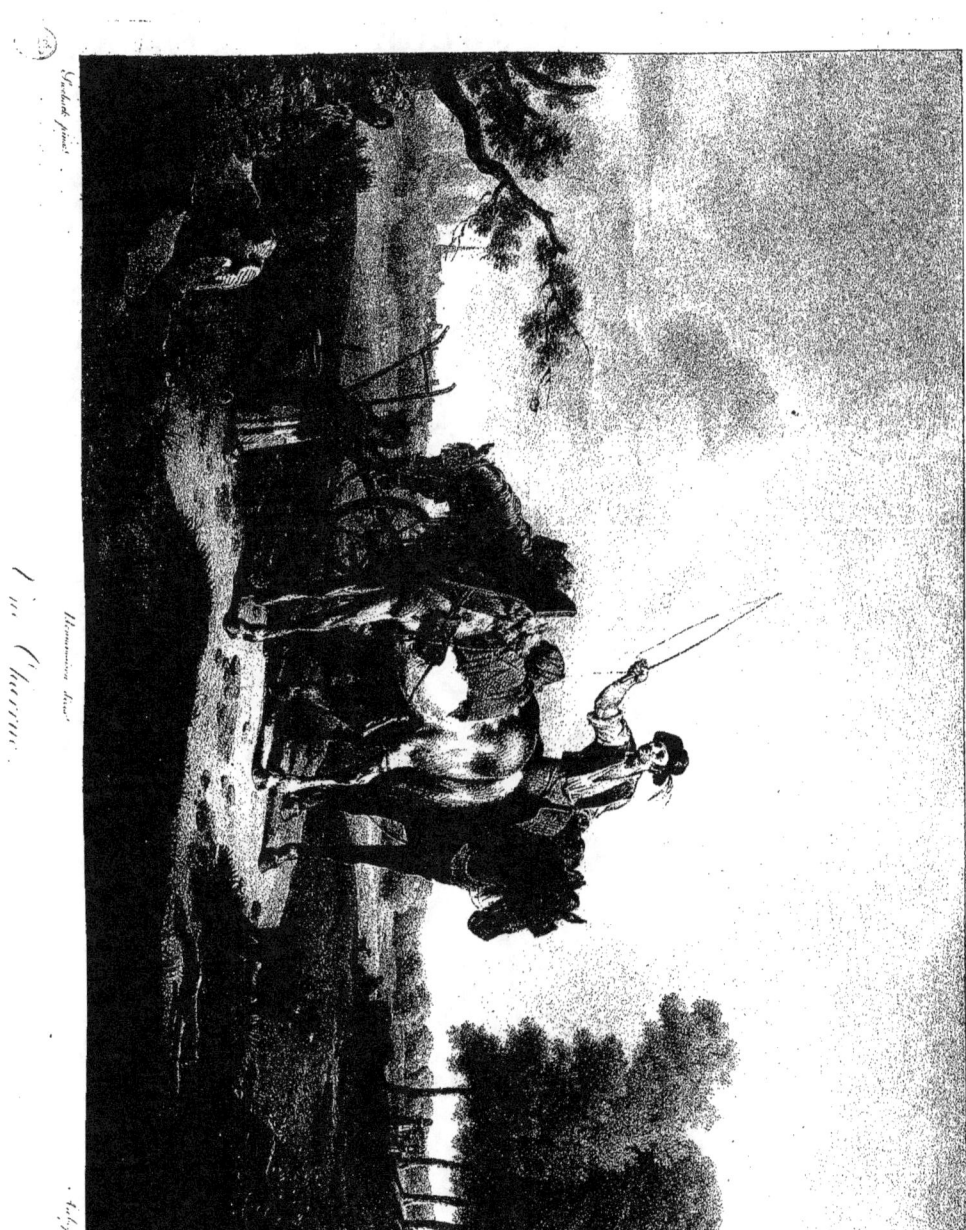

UNE CHARRUE[1],

PAR M. SWEBACH, DIT FONTAINE.

Cette charrue est attelée de deux chevaux dont l'un est monté par un garçon de ferme; une petite fille est placée à la tête de l'autre, et le retient par la bride; un laboureur, arrêté entre les deux chevaux, parle au garçon de ferme dont le vieux chapeau est orné d'une plume de coq; un chien de basse-cour est près de ce groupe; dans l'éloignement, et sur un monticule, on distingue quelques paysans; de l'autre côté, on découvre un village.

Tout cela n'a rien que de fort commun sans doute; mais sous le pinceau de M. Swebach, tout cela est gracieux, spirituel, bien touché. Un coloris plus tendre que brillant, une exécution libre et facile; voilà ce qui plaît dans ce petit ouvrage, et lui donne un attrait particulier.

(1) Tableau peint sur toile; hauteur 9 pouces, largeur 1 pied.

Horace Vernet. Commission. dess. Imp. de Villain.

La Trompette mort.

LE TROMPETTE MORT[1],

PAR M. HORACE VERNET.

Frappé au front par un plomb meurtrier, le trompette est venu expirer près d'une chaumière inhabitée, dont les murs portent par-tout les marques des balles qui se sont égarées jusque-là. Échappé à sa main débile, l'instrument dont les sons belliqueux appelèrent si souvent nos guerriers aux combats et proclamèrent leurs nombreuses victoires, inutile maintenant, repose auprès de lui. La récompense des braves brille sur la poitrine du jeune soldat. Fier de l'avoir obtenue, il souriait à de nouveaux jours de gloire, et le jour de la mort est arrivé pour lui ! Son chien fidèle lèche le sang dont son front est souillé, et son cheval, blessé lui-même mortellement, le regarde d'un œil fixe et douloureux... Ne pouvant plus suivre au champ d'honneur celui dont la voix si connue et si chère redoubloit son ardeur et son impétuosité, il va mourir... et son corps, en couvrant celui de son ancien ami, le protégera du moins encore pendant quelque temps contre les outrages des oiseaux de proie !...

Ce tableau, l'un des plus parfaits qui soient sortis des pinceaux de M. Horace Vernet, aussi bien peint que bien composé, unit à une touche large et gracieuse tout le pathétique du sentiment et de la poésie. Une couleur mélancolique, bien appropriée au sujet, règne dans l'ensemble de cette production qui, par la finesse et la transparence des tons, rappelle la belle manière des Cuyp et des Wouwermans.

M. Horace, dont le talent réunit les qualités brillantes qui firent, dans des genres divers, la réputation de son aïeul et de son père, traite avec une égale supériorité les actions les plus nobles et les scènes les plus vulgaires. Marines, intérieurs, portraits, histoire, croquis légers et spirituels, tout est du domaine de M. Horace Vernet. Un homme[2] d'un esprit orné, et qui, plus qu'aucun autre peut-être, a pu apprécier les

---

(1) Tableau peint sur toile; hauteur 1 pied 8 pouces, largeur 2 pieds. Salon de 1819.
(2) M. Grille.

LE TROMPETTE MORT.

mérites différents des peintres de notre école, à la gloire de laquelle il sut pendant long-temps employer avec autant de discernement que de justice les encouragements accordés par un gouvernement protecteur, a, dans un parallèle entre un poëte de l'antiquité et l'artiste moderne, caractérisé de la manière la plus ingénieuse le talent original de celui-ci.

« L'Horace latin, dit-il, fut l'honneur de la poésie, l'Horace françois sera l'honneur « de la peinture; tous deux passent du grave au doux, tous deux du plaisant au sévère. « On lit les ouvrages de l'un comme on voit les œuvres de l'autre, avec une sorte d'é- « motion, avec un sentiment secret de plaisir et de mélancolie. Il y a de l'ame dans « toutes leurs pages; tout ce qu'ils expriment, on l'éprouve. Par le rhythme et par les « couleurs ils vous enchaînent, ils vous subjuguent, et vous les suivez avec charme « dans les routes délicieuses où leur imagination brillante va s'égarer en se jouant. »

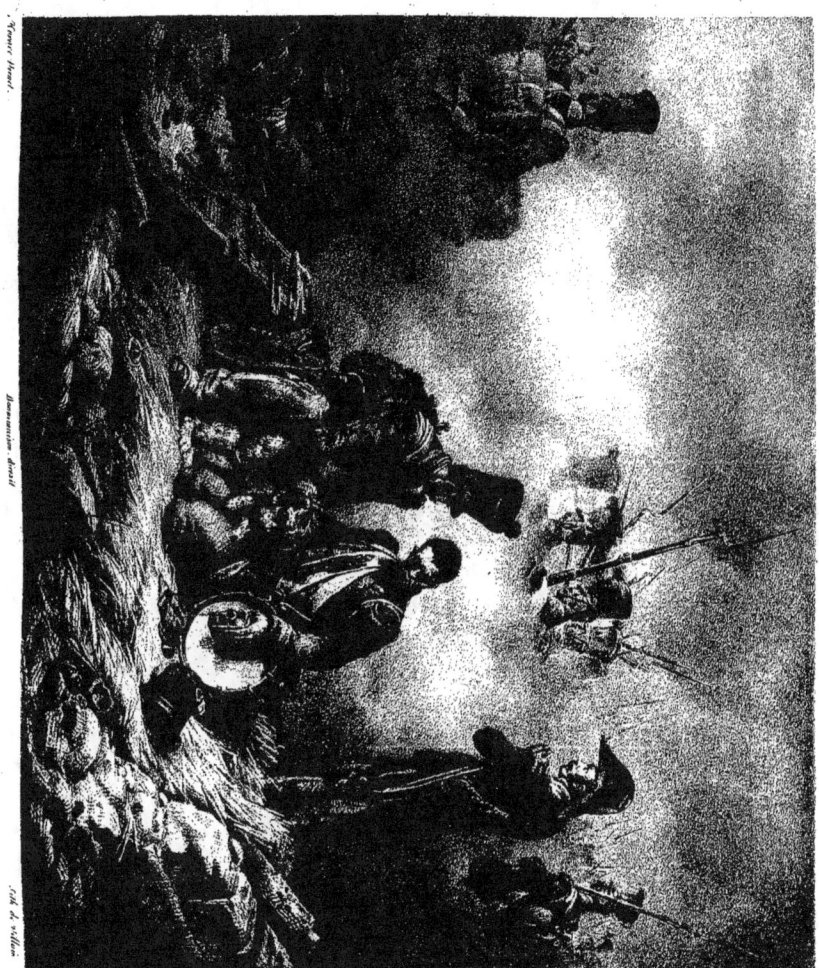

LE CHIEN DU RÉGIMENT[1],

PAR M. HORACE VERNET.

« Le chien, dit M. de Buffon, indépendamment de la beauté de sa forme, de la vivacité, de la force, de la légèreté, a par excellence toutes les qualités intérieures qui peuvent lui attirer les regards de l'homme. Il possède un sentiment délicat, exquis, que l'éducation perfectionne encore, ce qui rend cet animal digne d'entrer en société avec l'homme. Il sait concourir à ses desseins, veiller à sa sûreté, l'aider, le défendre, le flatter : il sait, par des services assidus, par des caresses réitérées, par des cris de douleur, ou par des jappements de joie, ou par des hurlements de désir, se concilier son maître, le captiver, et de son tyran faire son protecteur.

« On sentira, continue-t-il, de quelle importance cette espèce est dans l'ordre de la nature, en supposant un instant qu'elle n'eût jamais existé. Comment l'homme auroit-il pu, sans le secours du chien, conquérir, dompter, réduire en esclavage, les autres animaux? Comment pourroit-il aujourd'hui découvrir, chasser, détruire les bêtes sauvages et nuisibles? Pour se mettre en sûreté et pour se rendre maître de l'univers vivant, il a fallu commencer par se faire un parti parmi les animaux, se concilier avec douceur et par caresse ceux qui se sont trouvés capables de s'attacher et d'obéir, afin de les opposer aux autres. Le premier art de l'homme a donc été l'éducation du chien : le fruit de cet art, la conquête et la possession paisible de la terre. »

Aussi depuis le chien d'Ulysse, dont la fidélité a été immortalisée par les chants du divin Homère, un grand nombre d'animaux de cette espèce ont-ils figuré glorieusement dans plusieurs aventures merveilleuses. Les tribunaux même ont retenti du bruit de leur deuil et de leur dévouement[2].

De nos jours, les dramaturges les plus sombres, les bouffons les plus plaisants, les escamoteurs les plus adroits, se sont emparés des chiens et les ont rendus les

---

[1] Tableau peint sur toile en 1819; hauteur 1 pied 8 pouces, largeur 2 pieds.
[2] Voyez dans les *Causes célèbres*, l'histoire du chien de Montargis.

LE CHIEN DU RÉGIMENT.

héros indispensables de leurs œuvres lamentables, de leurs farces et de leurs jongleries.

Les peintres, à l'exemple des romanciers et des faiseurs de mélodrames, se laissant entraîner par le torrent de la mode, ont à leur tour introduit ces nouveaux acteurs dans les scènes de leur composition, et quelquefois, nous ne le contestons point, ils l'ont fait avec bonheur, et de manière à jeter sur leur ouvrage l'intérêt le plus touchant[1].

M. Horace Vernet, avec son talent supérieur, avec cette chaleur de sentiments qu'il puise dans son ame, a, lui aussi, consacré ses pinceaux à un chien. Compagnon fidèle du tambour et du jeune soldat qui lui prodiguent en ce moment leurs soins, ce chien s'étoit, depuis quelques années, associé à leur sort. Quand la conscription les appela, il quitta avec eux le village où ils étoient nés, il les suivit à la ville et s'y caserna avec ses amis. La trompette guerrière retentit d'un bout de la France à l'autre, on courut aux armes, les soldats partirent, leur serviteur dévoué ne les abandonna pas.... Vingt fois, dans les camps, ses aboiements les réveillèrent à l'approche de l'ennemi qui vouloit les surprendre; vingt fois ses hurlements ou ses morsures empêchèrent les coursiers fougueux de fouler sous leurs pieds ses maîtres chéris; mais, dans la mêlée, il vient d'être atteint d'un coup, mortel peut-être! Aussitôt le tambour et son camarade sont accourus vers lui; et tandis que l'action continue, tandis que mille périls les environnent encore, ils ne s'occupent que de leur pauvre chien!... Ils étanchent le sang qui sort de ses blessures, et les lavent avec ce qu'ils avoient conservé d'eau fraîche et pure pour se désaltérer eux-mêmes. Peu leur importe que plus tard ils soient tourmentés d'une soif qu'ils ne pourront pas éteindre, ils ne veulent que sauver leur ami : il n'est point de maux qu'ils ne soient prêts à endurer pour assurer sa conservation.

Tel est le sujet qu'offre le tableau du *Chien du régiment;* mais s'il est possible de décrire cette scène, il n'est pas aussi facile d'exprimer tout l'intérêt dont l'artiste a su la remplir. Nous croyons qu'après le *Trompette mort*, il n'a rien fait qui puisse balancer le mérite du *Chien du régiment*. C'est la nature prise dans toute sa vérité, c'est le sentiment de la reconnaissance et de l'attachement peint avec une exquise naïveté : pose des figures, touche fière et large, couleur riche et transparente, tout se trouve réuni dans cette inimitable production.

---

[1] M. Vigneron a le premier montré dans son *Convoi du pauvre*, tableau empreint d'une mélancolie si profonde, si vraie, comment un chien pouvoit être naturellement placé dans une scène pathétique.

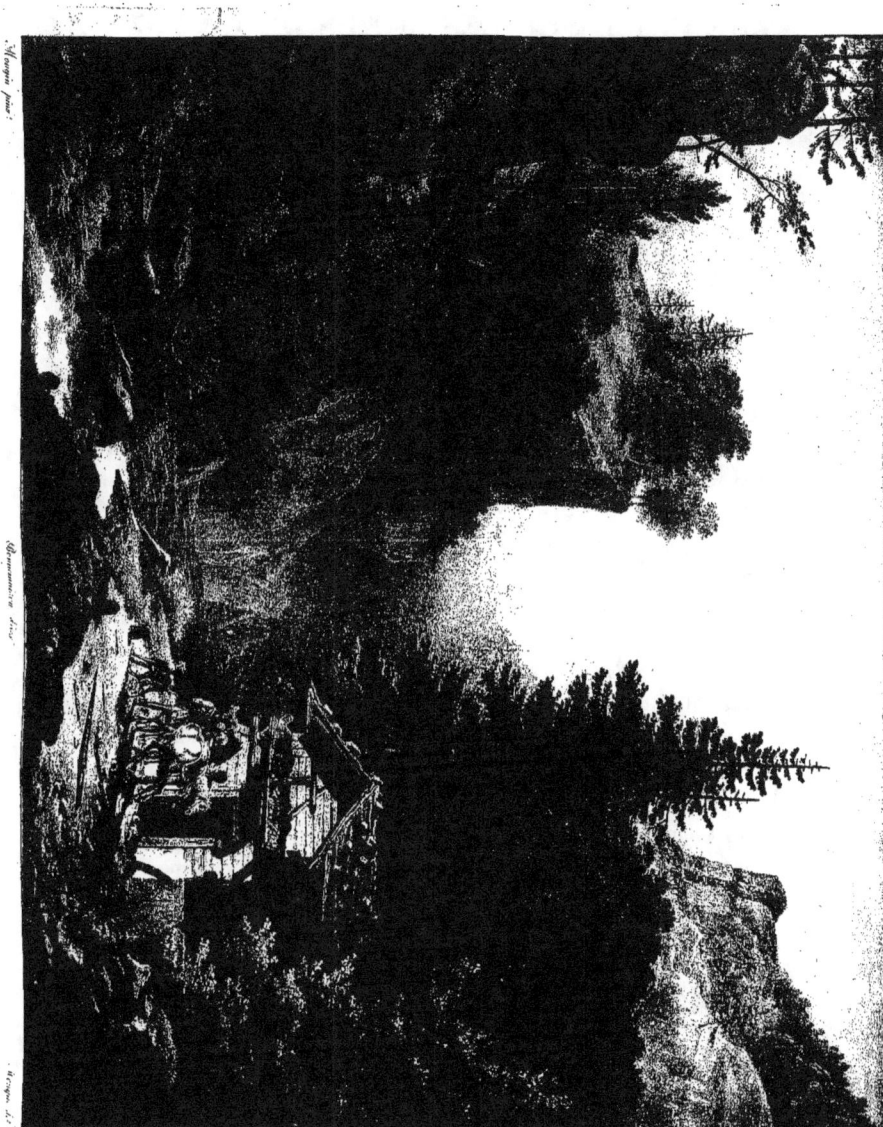

Marquis pinx. *Bonnemaison direx.* *Marquis del.*

Vue prise sur les bords de l'Isar en Bavière.

VUE PRISE SUR LES BORDS DE L'AAR,

PRÈS D'OLTEN, EN SUISSE[1],

PAR M. MONGIN.

L'illustre famille de Grandson[2] s'éteignit en 1399 dans la personne d'*Otton*, chevalier non moins renommé par son bouillant courage que par les charmes de son esprit. Si dans les guerres des rois de France et d'Angleterre, des ducs de Savoie et de Bourgogne, il se fit une haute réputation de valeur, il n'acquit pas moins de célébrité par la grace et le naturel de ses chansons. Né pour plaire, il sut, dit-on, arrêter les regards de la belle Catherine de Belp, épouse de Gérard, sire d'Estavayer[3], don les possessions étoient situées en face de celles de Grandson. Otton étoit fort amoureux, Catherine étoit jeune, et tendre peut-être; et sans vouloir déchirer le voile qui couvrit leurs amours, il est permis de penser que le guerrier troubadour ne fut pas toujours malheureux....

Cependant le sire d'Estavayer, issu, comme Grandson, d'une noble race (quelques auteurs même disent qu'ils étoient parents), comme lui puissant et redouté dans la contrée, ne vit point, sans en être inquiet, les soins que Grandson rendoit à Catherine. Livré au démon de la jalousie, il épia les actions de son rival, et suivit tous ses pas; il crut qu'il étoit trahi, qu'Otton étoit heureux, et dès-lors il jura d'en tirer une vengeance éclatante[4].

Un soir, revenant chez sa mère, au château de Payerne, Otton, seulement accom-

---

(1) Tableau peint sur toile en 1823, et commandé par S. A. R. madame la duchesse de Berry; hauteur 8 pouces, largeur 9 pouces 4 lignes.

(2) La petite ville de ce nom, située sur la rive occidentale du lac de Neufchâtel, est célèbre par le souvenir de la mémorable victoire que les Suisses y remportèrent au mois de mars 1476.

(3) La ville d'Estavayer est située sur la rive méridionale du même lac : son château fut pendant mille ans la résidence des seigneurs de ce nom.

(4) Mettant à profit la mort subite d'Amédée VII, comte de Savoie, Gérard accusa Otton du crime de haute trahison, en l'invitant à un combat singulier qui eut lieu, au mois d'août 1399, à Bourg-en-Bresse; Otton y succomba.

VUE PRISE SUR LES BORDS DE L'AAR.

pagné d'Archibald, son écuyer, et de Roland, son dogue fidèle, fut inopinément attaqué par un inconnu, armé de pied en cap, et dont la visière étoit baissée. Malgré la vigueur de l'assaillant, Otton fut victorieux, il désarma son ennemi et le mit en fuite; il alloit, sur l'invitation d'Archibald, entrer dans un châlet pour s'y reposer pendant quelques instants des fatigues de ce combat imprévu, quand ses regards s'arrêtèrent sur la lame de l'épée que son adversaire avoit abandonnée dans ses mains; il y lut, non sans une extrême surprise, le nom de son rival, du fameux comte Gérard.

C'est cette scène épisodique que M. Mongin a placée dans son tableau; elle ajoute à l'intérêt local du site, celui des souvenirs historiques; il y a quelque chose d'âpre et de sauvage dans ce paysage, d'austère et de silencieux dans la lumière qui l'éclaire, de sombre et de poétique dans sa couleur, qui rend parfaitement les intentions du peintre et le caractère agreste avec lequel les campagnes de la Suisse se présentent à la pensée.

L'un des peintres les plus laborieux de notre école, et cherchant, non dans les secours de quelques coteries, mais dans ses études et dans son travail, les moyens de se faire avantageusement connoître, M. Mongin est du petit nombre de ceux qui n'ont dû leurs succès qu'à leur propre mérite.

Il débuta dans la carrière par des gouaches et des tableaux de genre qui furent justement remarqués. *Robinson saisi d'épouvante à la vue des pas d'un homme empreints sur le sable*, et plus tard *le Duel*[1], *le Chien voulant sauver son maître*, une *Caravane de voyageurs attaqués sur les Alpes par des ours*[2], arrêtèrent sur lui les regards de ceux qui étoient chargés par le gouvernement de confier des travaux aux artistes les plus recommandables. Alors il exécuta plusieurs tableaux représentant des sujets de l'époque; un entre autres, *Le Passage de l'armée de réserve dans les défilés d'Albarède*[3], lui valut d'unanimes suffrages[4].

(1) Exposé en 1802.
(2) Salon de 1808.
(3) Il fait partie du Musée du Luxembourg.
(4) Nous ne devons point oublier parmi les ouvrages intéressants de M. Mongin, ses essais lithographiques; nous nous faisons un plaisir de rappeler qu'il est le premier des artistes françois qui ait adressé au ministre de l'intérieur* des compositions en ce genre.

* M. le comte de Vaublanc.

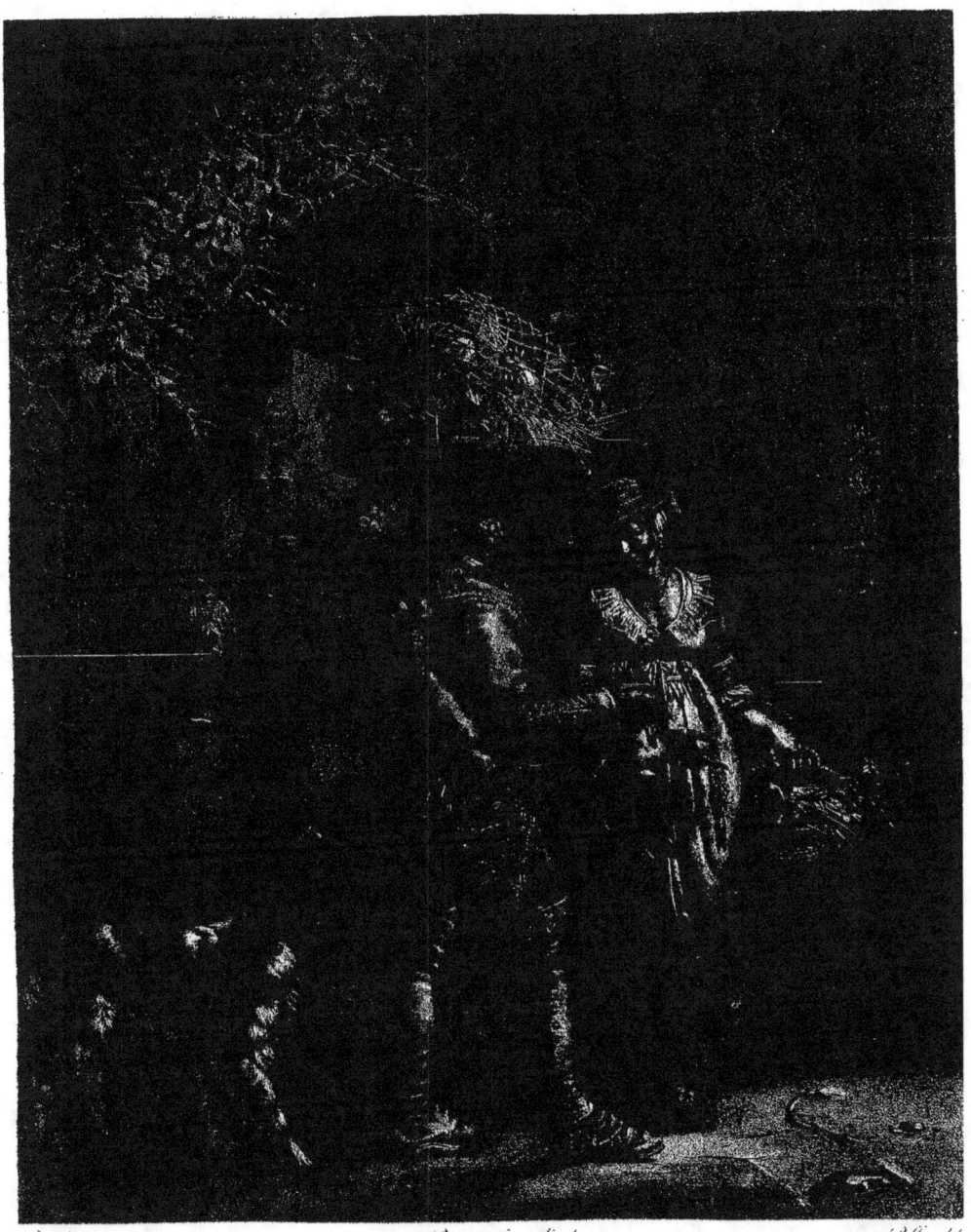

Le Marchand de Volaille.

LE MARCHAND DE VOLAILLE[1],

PAR M. BONNEFOND.

Si l'imitation la plus minutieuse des objets de détail, si le fini le plus précieux, constituent seulement l'art du peintre, peut-être M. Bonnefond n'a-t-il plus rien à faire : il nous semble sous ce rapport avoir été aussi loin qu'il soit possible d'aller. Mais si à ce mérite, auquel l'école hollandoise doit une partie de sa haute réputation, on ne joignoit pas la finesse et la vérité des tons, la légèreté de la touche, l'expression naturelle des figures, la grace et la naïveté des attitudes, la pureté des formes, et sur-tout cet abandon charmant qui se sent et que rien ne peut exprimer, on seroit loin du but; et l'artiste dont les compositions n'offriroient pas la réunion de ces qualités essentielles se croiroit en vain l'imitateur des Karel du Jardin, des Netscher, des Gérard Dow, des Gabriel Metzu, et enfin de tous ces peintres qui ont donné tant d'éclat à l'école hollandoise.

Mais l'auteur du tableau du *Marchand de volaille*, jeune et plein d'émulation, guidé par les conseils d'un homme profondément instruit[2], poursuivant d'ailleurs ses études avec une constance et une application que l'on ne sauroit trop louer, n'est point dans cette fâcheuse position. Il ne veut point se borner à égaler seulement, sous le rapport du technique, les maîtres qu'il s'est choisis pour modèles : déja dans ses productions se montre le sentiment de la nature et un certain goût d'ordonnance dont l'effet est assez agréable. Toutefois, dans l'ouvrage dont nous offrons aujourd'hui la copie, il nous semble n'avoir pas assez ménagé ses demi-teintes; ses tons ont de la crudité; son coloris pourroit être plus léger, plus transparent; sa touche enfin, si précieuse, pourroit être moins uniforme; on la voudroit dans quelques parties, dans les draperies, dans les murailles, par exemple, plus large et plus expéditive. Le fini des

---

[1] Tableau peint sur toile; hauteur 2 pieds 6 pouces, largeur 2 pieds. Salon de 1819.
[2] M. Revoil.

chairs y gagneroit sans doute beaucoup. Nous lui dirons encore qu'il semble attacher trop d'importance aux accessoires ; il est certains détails auxquels une sorte de laisser-aller sied à merveille. Trop de travail, trop d'étude dans leur imitation les appauvrit quelquefois, et même les rend lourds. C'est un écueil qu'il faut éviter. Que M. Bonnefond soit moins prodigue de soins, qu'il mette plus de réserve dans l'emploi des richesses que son pinceau lui fournit, et ses aimables ouvrages n'y perdront rien de leur prix.

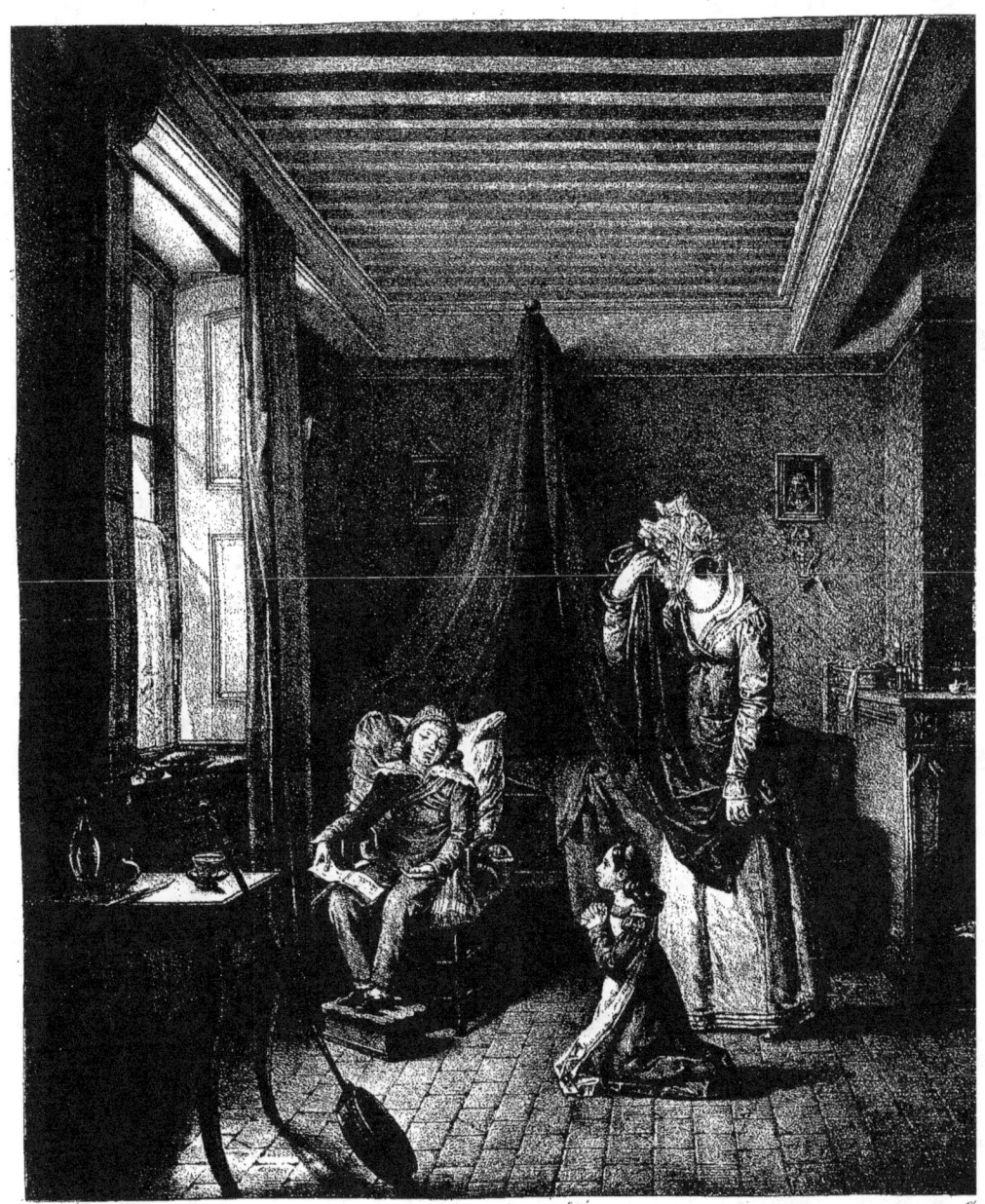

L'Enfant malade.

L'ENFANT MALADE[1],

PAR M. GENOD[2].

L'école de Lyon, dont on voudroit en vain faire une école à part, puisque, fondée par deux artistes[3] qui ont étudié dans les ateliers et sous la direction des maîtres de la métropole, elle ne peut suivre d'autre méthode, observer d'autres principes que ceux qu'ils ont adoptés, et dont on ne pourroit s'écarter sans violer les règles du goût, sans outrager la belle nature, l'école de Lyon, disons-nous, a ses détracteurs et ses prôneurs; elle est censurée trop amèrement par les uns, vantée avec trop d'emphase par les autres. Les premiers disent avec aigreur que tout ce qui vient de Lyon est léché, luisant, affadi; qu'il n'y a ni mouvement, ni style, ni transparence dans les compositions, où les efforts du travail se montrent trop péniblement; les derniers prétendent que ces détails précieux d'imitation, que ces draperies d'un travail extrêmement terminé, que ces accessoires rendus avec une fidélité scrupuleuse, sont une des merveilles de l'art, une preuve incontestable du talent observateur des artistes. De part et d'autre on se trompe, car de part et d'autre on juge avec passion; et il est bien possible que de petits intérêts personnels et cachés, que nous ne chercherons point à dévoiler, rendent encore la question moins aisée à résoudre. Cependant il nous sera permis de dire que si l'école de Lyon, sacrifiant peut-être trop à la mode, a ses inconvénients, elle a aussi ses avantages : par le choix des sujets, elle a su donner de l'élévation à un genre où les Flamands avoient déployé plus d'art que de goût. Les tableaux des peintres de Lyon ne nous offrent plus ces éternelles scènes de tréteaux ou de cabaret, que les Hollandois et les Flamands ont reproduites dans leurs ouvrages jusqu'à la satiété. C'est la vie domestique, c'est l'intérieur de nos fa-

---

[1] Tableau peint sur toile; hauteur 2 pieds 6 pouces, largeur 2 pieds. Salon de 1819.
[2] Né à Lyon en 1795; élève de M. Revoil.
[3] MM. Revoil et Richard.

L'ENFANT MALADE.

milles, ce sont nos actions de tous les jours, de tous les moments, c'est enfin le drame bourgeois que peignent les Lyonnois dans leurs cadres, souvent aussi bien conçus que bien traités.

S'il est de ces derniers un ouvrage qui réunisse à l'intérêt du sujet le fini de l'exécution, c'est certes, nous osons le croire, celui dont nous offrons la copie.

Cédant au mal dont il est consumé, un jeune enfant s'est endormi en tenant ouvert un livre qu'il s'amusoit à feuilleter; sa mère est debout, elle est plongée dans la douleur; elle essuie ses larmes; sa petite sœur, les yeux fixés sur lui, à genoux, et les mains jointes, demande au ciel la guérison de son frère. La mère, attentive à tout ce qui peut diminuer le mal de son fils, a placé sur la croisée un rideau de taffetas vert, pour adoucir l'éclat de la lumière, et pour ménager la vue de cet enfant si cher. Tous les détails de cette composition sont d'un goût exquis, et peints avec une délicatesse extrême. La scène qu'elle représente est exprimée simplement, mais avec une vérité tout-à-fait touchante. Un coloris suave et harmonieux, un heureux artifice dans la distribution des ombres et des demi-teintes, un sentiment doux et tendre dans la pose des figures, voilà ce qui fait de ce tableau de M. Genod un ouvrage aussi précieux qu'il est intéressant.

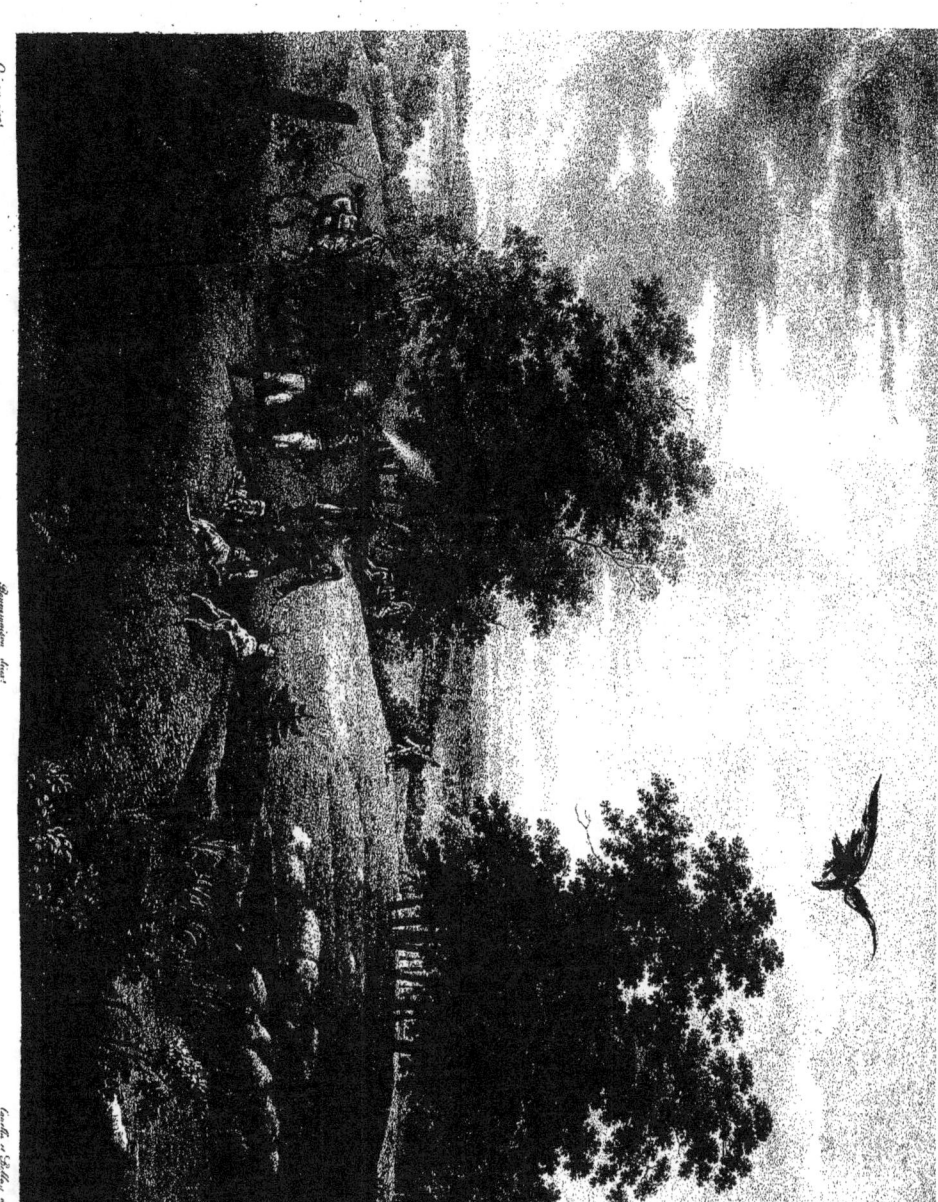

Le Duc de Berry
suivi un Aigle dans la Forêt de Fontainebleau.

LE DUC DE BERRY

TUANT UN AIGLE DANS LA FORÊT DE FONTAINEBLEAU[1],

PAR M. QUINART.

Égaré dans son vol, un aigle plane dans les airs au-dessus de la forêt de Fontainebleau; monseigneur le duc de Berry qui, seulement accompagné de quelques personnes de sa maison, suit au hasard les immenses sinuosités de la forêt, voit le royal oiseau : il descend aussitôt de cheval, saisit un fusil, ajuste l'aigle et l'abat à ses pieds[2]. Tel est l'épisode qui donne à ce paysage un attrait tout particulier. On sait gré à l'artiste d'avoir saisi l'occasion de nous présenter un prince si véritablement aimé, regretté si justement, dans un lieu où, parmi des serviteurs dévoués, il alloit oublier parfois les rigueurs de l'étiquette et se délasser des fatigues de la représentation.

Ce paysage est vaste, agreste, et profond; les arbres, les eaux, les terrains, sont traités avec une liberté de pinceau qui n'en exclut ni la finesse ni la vigueur; le coloris en est harmonieux et brillant sans crudité : les premiers plans, largement exécutés, offrent avec les lointains légers, et délicatement touchés, une piquante opposition qui en rend l'effet plus remarquable. Les personnages, les chevaux, les chiens, sont spirituellement disposés sur les plans intermédiaires du tableau, et le pinceau de M. Hippolyte Lecomte a su donner à la figure du prince la ressemblance qu'il étoit possible d'obtenir dans une si petite dimension; enfin, tout dans cet ouvrage le rend digne de la place qu'il occupe dans la galerie de S. A. R. madame la duchesse de Berry.

[1] Tableau peint sur toile; hauteur 2 pieds, largeur 2 pieds 6 pouces. Salon de 1819.
[2] On conserve cet aigle à Bagatelle.

Une vue des îles de Mellum.
Les Méléquois administrent l'aqua visita à un jeune fille malade.

VUE DU LAC PRÈS D'ALBANO,

PAR M. RONMY.

A la sommité d'un rocher s'élève une petite chapelle, au pied de laquelle coule l'*Aqua santa*. Cette eau miraculeuse rend la santé aux fiévreux, aux hydropiques, aux paralytiques : de toutes parts on apporte les malades dans ce lieu privilégié.

Au lever du soleil, un pieux moine, assisté de deux rustiques diacres, vient d'amener à la fontaine révérée une jeune fille qui, à la fleur de l'âge, est près de succomber à une maladie longue et cruelle. Soutenue par les charitables religieux, elle boit avec dévotion l'eau consacrée. Dans le fond, au-delà des montagnes qui forment un rideau léger autour du bassin du lac d'Albano, on découvre le Vésuve dont les formes se dessinent dans la vapeur sur un ciel tranquille et lumineux.

Ce tableau est de l'effet le plus agréable. L'ordonnance en est simple et bien entendue ; la lumière y est répandue largement, et les dégradations en sont ménagées avec art ; le coloris en est argentin et suave ; le groupe principal est plein de naturel et de vérité ; la touche en est délicate et spirituelle ; en un mot, cette composition annonce dans toutes les parties non seulement un talent fort distingué, mais encore une imagination fraîche et riante, dont les inspirations sont heureusement suivies par un pinceau exercé.

(1) Tableau peint sur toile; hauteur 1 pied 2 pouces, largeur 1 pied 6 pouces. Salon de 1819.

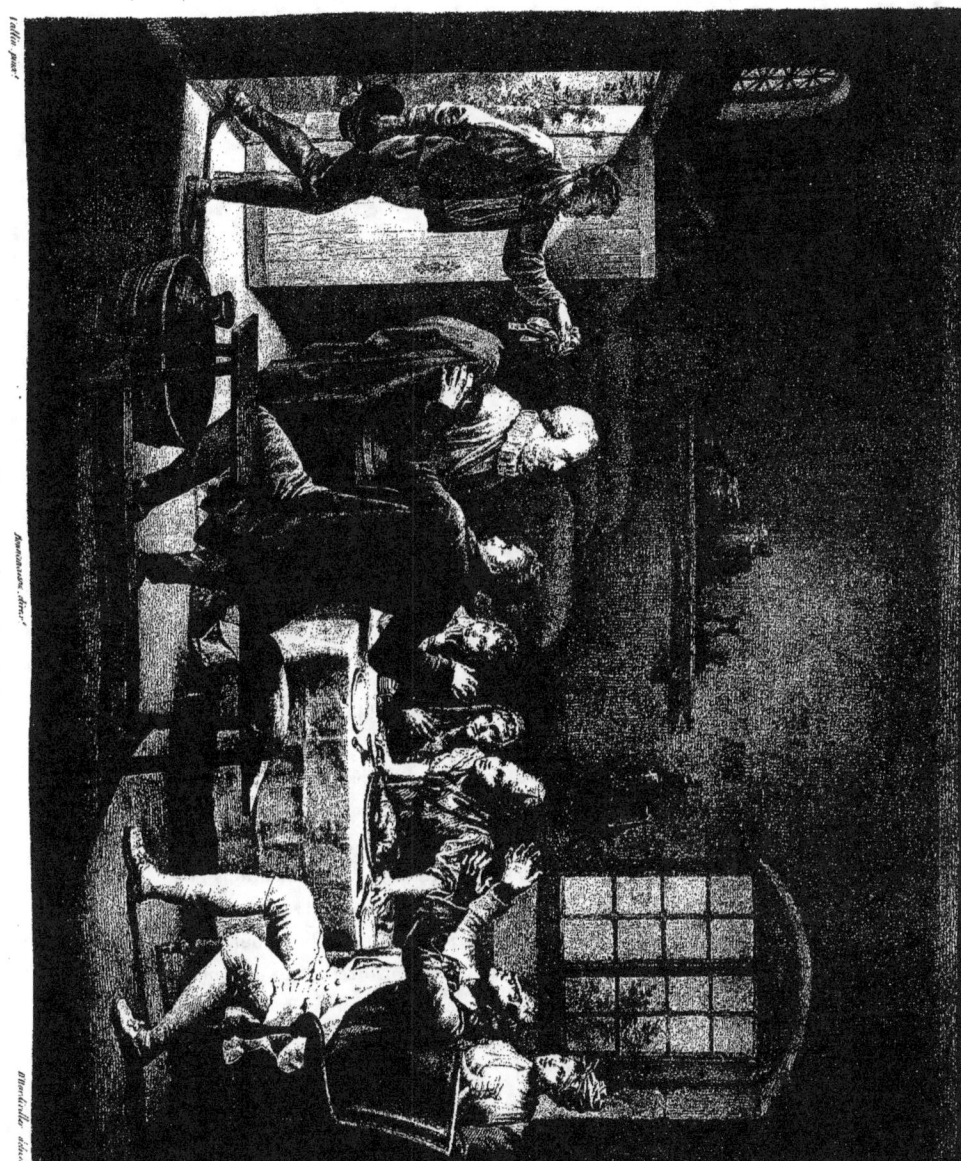

LES DESCENDANTS DE MICHAU[1],

PAR M. VALLIN.

Depuis Collé qui, dans la Partie de Chasse d'Henri IV, a peint avec des couleurs si vraies, si intéressantes, le caractère franc et jovial du meunier de Lieursaint, et les mœurs hospitalières et douces de sa famille, presque tous les ouvrages dramatiques consacrés à rappeler les bienfaits ou les vertus de nos princes, ont offert un personnage du nom de *Michau*. Mais les poëtes n'ayant pas seuls le privilège d'introduire un tel acteur dans leurs compositions, les peintres s'en sont emparés à leur tour. M. Vallin est de ce nombre; son tableau nous offre les descendants du bon meunier.

Ils sont réunis autour d'une table sur laquelle *la poule au pot* est déja servie; l'aïeule vénérable est assise au centre : à sa gauche est sa fille aînée, à sa droite est son petit-fils. Le grand-père, ayant derrière son vaste fauteuil sa petite-fille, tient le haut bout de la table. On a placé en face de lui le buste d'Henri IV, à la mémoire de qui cette journée est consacrée. Un homme, dans la vigueur de l'âge, est assis sur un banc à l'autre extrémité de la table. Tous ensemble, malgré l'absence d'un de leurs frères et de leurs enfants, se disposent à célébrer l'anniversaire de la soirée que le bon Roi passa dans leur chaumière, quand le fils absent, et qu'ils appeloient de leurs vœux, accourt précipitamment, et portant dans ses mains, à son chapeau, des nœuds de rubans blancs, leur annonce le retour desiré des Bourbons en France.

L'ordonnance de ce tableau est simple et gracieuse, les intentions et les sentiments de l'auteur y sont exprimés avec naïveté. La tête de la vieille grand'mère et celle de son petit-fils sont d'un dessin correct, d'une bonne couleur; elles sont d'ailleurs remplies d'expression. Nous voudrions en dire autant des autres têtes de femmes et de celle du vieillard; mais le caractère des premières nous semble trop

---

[1] Tableau peint sur toile; hauteur 2 pieds 3 pouces, largeur 2 pieds 9 pouces. Salon de 1817.

LES DESCENDANTS DE MICHAU.

trivial, et l'expression du vieillard n'est pas celle de la joie. En général, la touche de cet ouvrage est molle, et le coloris en est gris : ce défaut se fait remarquer surtout dans les carnations. Il y a cependant des parties bien dessinées et bien peintes dans cette production, et dans son ensemble elle est d'un aimable aspect.

Au reste, si nous nous sommes permis d'indiquer légèrement les endroits qui nous ont paru foibles dans ce cadre, nous devons dire que depuis l'époque où l'artiste mit au jour cet ouvrage, il en a présenté de nouveaux dans les expositions solennelles, où la correction du dessin s'allie à la plus agréable exécution. De ce nombre sont des *Nymphes prêtes à se baigner*, des *Bacchanales*[1], *Homère chantant ses poésies*, et *Platon au milieu de ses disciples*[2].

(1) Salon de 1819. Ces deux tableaux appartiennent à M. Varoc.
(2) Salon de 1822.

Sauvages dans une prairie.

ANIMAUX DANS UNE PRAIRIE[1],

PAR M. J. BERRÉ.

Au milieu d'un riant pâturage, et presque sur le premier plan, une vache noire, près de deux autres en repos, occupe le centre du tableau; à droite, et non loin d'un arbre dépouillé de son feuillage, un âne est arrêté; à gauche, une petite paysanne, ayant déposé sur l'herbe son panier et sa quenouille, donne à manger au chien qui surveille avec elle le troupeau commis à sa garde : les fonds offrent de vastes prairies où paissent de nombreux bestiaux; un ciel pur et lumineux embrasse l'horizon; telle est la composition de M. Berré. Toutes les parties en sont en harmonie, tous les aspects en sont ménagés avec beaucoup d'art. La jeune enfant, placée dans la demi-teinte, est charmante de touche et d'effet : les vaches et les autres animaux sont traités avec cette vérité de pinceau qui donne aux ouvrages de M. Berré un mérite tel, qu'ils peuvent souvent être placés sur la ligne qu'occupent les plus belles productions des écoles flamande et hollandoise. Les fonds de ce tableau sont fins et légers de tons : il y règne de l'air et de la fraîcheur, et le ciel offre bien ces teintes diaphanes, ces lumières tendres et dorées d'une matinée de printemps.

Cette production, comme la plupart de celles du même artiste, prouve qu'en n'étant point le servile imitateur des peintres d'animaux qui sont venus avant lui, il sait pourtant s'emparer de ce que leur manière a de large et de grand, de ce que leur coloris a de vigueur et de charmes; et dans le cadre qui représente des *Animaux dans une prairie*, il semble s'être particulièrement inspiré des chefs-d'œuvre de Paul Potter dont il nous rappelle et la touche habile et l'admirable couleur[2].

(1) Tableau peint sur bois; hauteur 1 pied 8 pouces, largeur 1 pied 2 pouces. Salon de 1819.
(2) Les aquarelles de M. Berré ne sont ni moins recherchées ni moins précieuses que ses tableaux à l'huile; on en voit un grand nombre au cabinet du Jardin du Roi, auquel cet artiste recommandable est spécialement attaché.

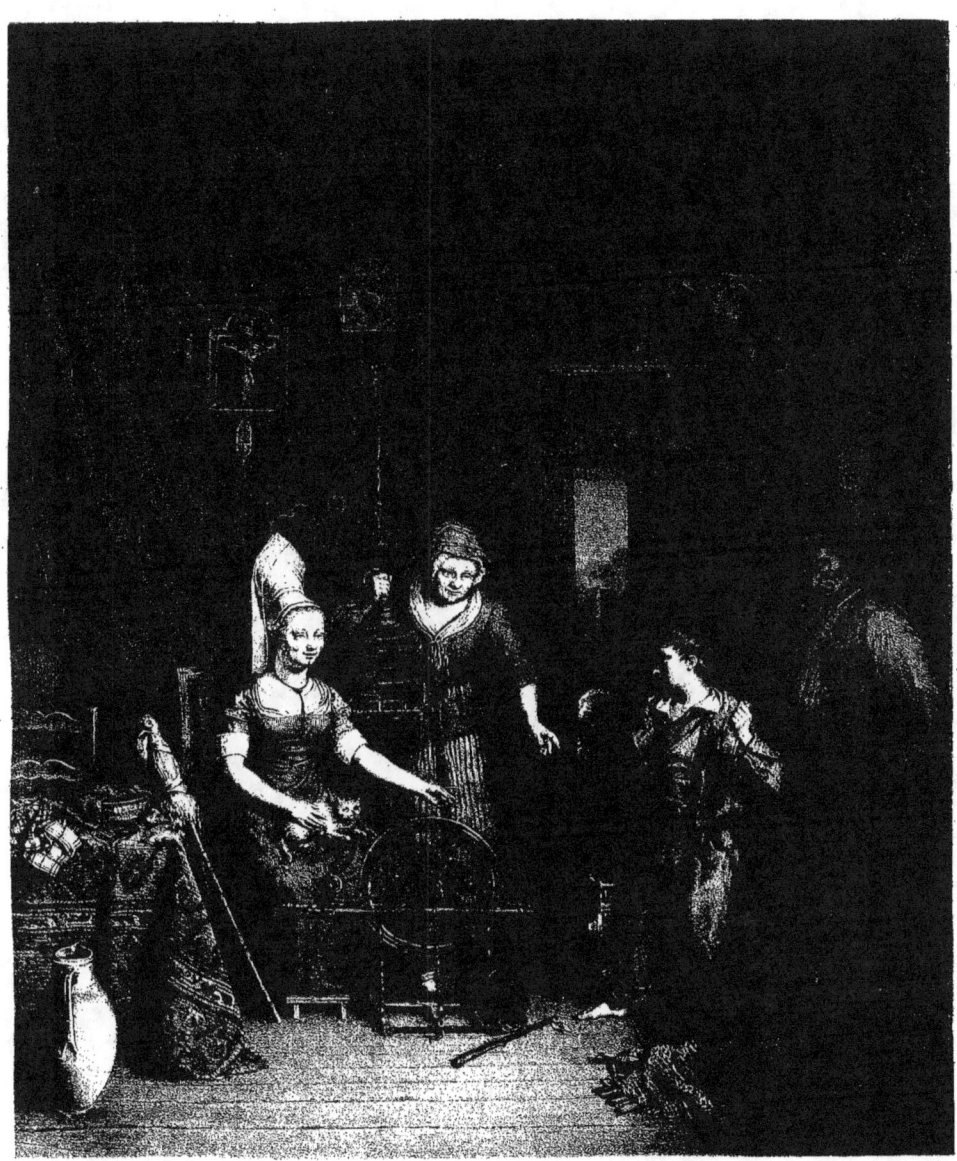

Lavarden, pinx.t   Bounemaisson, direxit.   Maurin, del.

Le petit Marchand d'oiseaux.

LE PETIT MARCHAND D'OISEAUX [1],

PAR M. LAVAUDEN.

M. Lavauden étoit inconnu, son nom n'avoit encore figuré sur aucun des bulletins de nos expositions solennelles, quand il se présenta au salon de 1822 avec un petit tableau. Au milieu de tous ceux dont il étoit environné, ce cadre se fit remarquer par la simplicité de son ordonnance, la fraîcheur de son coloris, l'esprit de ses figures; par de jolis effets du clair-obscur, et sur-tout par une naïveté charmante : ce petit tableau, c'étoit *le Marchand d'oiseaux*.

Il est inutile de faire l'analyse de cette gracieuse production. Elle annonce que, peu avide d'un prompt succès, qui malheureusement n'est trop souvent que passager, M. Lavauden a étudié dans l'ombre des ateliers, qu'il y a étudié avec réflexion; sa touche ferme, son dessin correct, sa couleur franche et solide, semblent promettre à notre école un peintre de genre d'un mérite distingué. Les suffrages que son ouvrage a obtenus, le choix qu'en a daigné faire une auguste princesse pour le placer dans sa galerie, sont des encouragements qui, dignes de son aimable talent, lui imposent l'obligation de les justifier par des travaux plus importants. En applaudissant à l'œuvre de cet artiste, en souriant à son succès, qu'il nous soit permis cependant de mêler quelques regrets au plaisir que nous éprouvons à louer ce premier fruit de ses études.

Nous craignons de reconnoître que, depuis quelques années, l'école françoise, qui avoit pris un si noble essor, et qui se montroit si fière et si austère dans ses conceptions, redescend rapidement vers un genre, agréable sans doute, mais dont les limites sont bien étroites, et où la manière et la mignardise sont bien proches du naturel. Il est d'autant plus aisé de se laisser aller à ce genre bourgeois, que la facilité avec laquelle on y obtient quelque vogue lui donne un attrait bien décevant pour nos

[1] Tableau peint sur toile; hauteur 2 pieds 2 pouces, largeur 1 pied 10 pouces. Salon de 1822.

LE PETIT MARCHAND D'OISEAUX.

jeunes peintres. De là, ce nombre inouï de jolis cadres qui, dans les expositions actuelles, remplacent les grandes pages où l'on aimoit à voir les progrès de la peinture, les difficultés du dessin vaincues, enfin les efforts de l'étude joints aux inspirations du génie pour rendre à ce bel art l'éclat dont il avoit brillé en France sous François Ier et sous Louis XIV. Nos peintres, en se jetant presque exclusivement dans les petites compositions, semblent vouloir se dérober aux règles qui ont dirigé nos grands maîtres dans leurs beaux ouvrages.

Jadis on exigeoit des acteurs qui débutoient sur le premier de nos théâtres (au Théâtre-François) qu'ils jouassent à-la-fois dans la tragédie et dans la comédie. Ainsi l'on vit briller mademoiselle Dangeville [1], cette soubrette inimitable, dans le rôle de la suivante du *Médisant* et dans celui d'Hermione. Après avoir montré un talent supérieur dans l'un et dans l'autre, elle s'attacha exclusivement à la comédie.

Cette méthode d'un double essai dans deux genres si opposés étoit sage, et favorable à l'art, d'après cet axiome que *qui peut le plus, peut le moins*.

Seroit-ce donc une mesure ridicule que d'imposer aux peintres l'obligation à laquelle se soumettoient les desservants de Thalie et de Melpomène? Seroit-ce trop exiger d'eux, pour conserver à notre école le rang où les David, les Vincent, les Regnault, les Girodet, les Gros, les Girard, les Guérin, l'ont placée, de les contraindre, en s'essayant dans un petit genre, à nous montrer leur savoir faire dans des compositions d'un ordre plus relevé? Mais en laissant échapper cette question, nous abandonnons à de plus habiles que nous le soin de l'approfondir et d'en discuter l'utilité. Il est d'ailleurs temps de mettre un terme à une digression déja trop longue, et dans laquelle nous avons été involontairement entraînés par notre amour pour l'art et l'intérêt de la gloire de notre école.

(1) Elle débuta en 1730. Elle est morte en 1796.

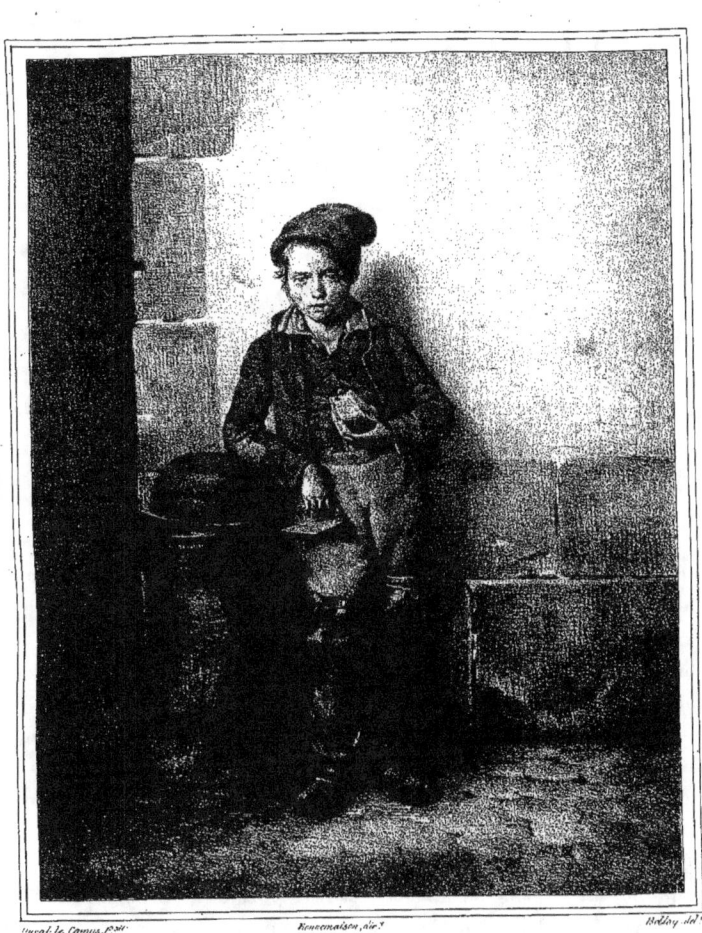

Le Petit Savoyard

LE PETIT SAVOYARD[1],

PAR M. DUVAL LECAMUS.

Il nous faut du nouveau, n'en fût-il plus au monde.

Ce vers semble être devenu la devise de quelques peintres modernes, qui, craignant sans doute de n'être pas assez originaux en suivant les routes tracées par les grands maîtres, se jettent en aveugles dans des sentiers moins battus, sur une voie plus périlleuse; ils ne considèrent ni les obstacles qui les attendent, ni le danger d'une telle entreprise.

Le vrai beau dans les arts comme dans la nature a des règles dont il est bien difficile de s'affranchir sans s'exposer aux railleries d'une juste censure. Que d'imprudents novateurs n'ont recueilli de leurs vains efforts que le blâme ou le ridicule, alors qu'ils s'enivroient d'avance d'une flatteuse renommée qu'heureusement, pour l'honneur du goût, les amis de la belle, de la bonne peinture, ne leur ont pas accordée! *Ne pouvant faire bien*, a dit un peintre aussi spirituel qu'il est savant[2], *ils veulent faire autrement*. C'est une vérité dure sans doute, mais c'est une vérité qu'on est réduit à leur faire entendre.

L'ouvrage dont nous donnons ici le dessin ne sort point d'un pinceau pour lequel le *romantisme*, l'*exagéré*, ont seuls des appas. M. Duval Lecamus est du petit nombre de ceux qui n'ont point encore secoué le joug de la bonne école. Il respecte les préceptes qui ont fait la gloire de nos musées et de nos maîtres; l'exemple et les leçons des David, des Gros, des Gérard, des Girodet, ne sont pas perdus pour lui. La nature est son guide, la nature est sa loi; il suit ses inspirations avec un rare bonheur; il l'imite avec une justesse et une grace qui rendent ses ouvrages comparables à ceux des

---

[1] Tableau peint sur toile; hauteur 8 pouces, largeur 6 pouces. Salon de 1824.
[2] M. Girodet.

LE PETIT SAVOYARD.

plus habiles peintres flamands. *Le Petit Savoyard,* dans d'étroites dimensions, réunit les qualités les plus précieuses. C'est la finesse du ton et de la touche, l'harmonie du coloris, la naïveté et la vérité de la pose, la correction du dessin; c'est enfin ce charme indéfinissable qui plaît à l'esprit, satisfait le goût, sans qu'on puisse autrement en expliquer la cause [1].

---

[1] Parmi les ouvrages de M. Duval, exposés au Salon de 1824, on a remarqué *le Dîner, le Benedicite,* et *l'Intérieur d'une Cuisine.* Les deux derniers tableaux appartiennent à l'artiste.

www.ingramcontent.com/pod-product-compliance
Lightning Source LLC
Chambersburg PA
CBHW071042240526
45471CB00014B/285